「雑巾がけ」から始まる

禅が教えるほんものの生活力

有馬頼底

集英社

「雑巾がけ」から始まる　禅が教える　ほんものの生活力

はじめに

禅の坊主というのは、何かと相談をもちかけられることが多くて、悩みごとのような質問もよく受けます。なかでも多いのが、「どうやったら物事に動じない強い自分になれますか?」といったものです。上司や部下の顔色をうかがってしまう自分がイヤだとか、一度失敗したトラウマで次もまた失敗するのではないかと不安になるとか、あるいは大きな決断が怖くてできないとか。要するにブレない自分になりたいのに、なれない、という悩みですね。

そういう質問に対して私は、「とにかく雑巾をもってごらんなさい」と答えます。そういうと、たいていの人は、聞きたいのは「いかに生くべきか」なのに、その答えが雑巾? そんな些末《さまつ》なことではなく、自分の悩みはもっと大きなことなのに、という反応をします。しかし禅には「極小同大」という言葉がありまして、日々の小さなことは、けっして些末なことではなく、ものすごく大きなことと同じなんだ、というのです。

そもそも大きい小さいを決めるのは誰でしょう? 自分にとって大きなことでも、人から見れば小さなことかもしれませんね。大きい小さいにこだわる、まずはその意識を変えることです。

雑巾をもつとは、掃除をすること。掃除とは、すっきりと心地よく、清浄な状態を保つことです。保つべきものは空間のみならず、心身もまたしかりです。

禅は、難しくてよくわからない、と思われがちですが、根底にある考え方はきわめてシンプルです。経をそらんじたり、坐禅を組んだりするよりも、日々の暮らしに真正面から取り組むことがなによりの修行、とするのが禅なのです。掃除はもちろん、料理を作り、食事をし、後かたづけをして、風呂に入り、睡眠をとる。そういう当たり前の生活を「正しく行う」なかで、人としてのより豊かな心や生きる力を育んでいく。禅には、そうした生活力を鍛え、自らに磨きをかけるための智慧が凝縮されています。

規律づくめの生活は、一見窮屈なだけに思えるかもしれません。型に従って何かをすることは、オリジナリティの欠如と感じるかもしれません。けれど、長い時間をかけて作り上げられてきた「やり方」には、けっして無駄がありません。そこには必ず道理があるのです。かくなるべくしてなったもの。美しさとは、そういうものにこそ宿るのです。

私自身、寺の小僧時代は無我夢中でそんなことを考える余裕もありませんでしたが、七十年以上におよぶ禅寺での生活を振り返ってみて、いまではつくづくそう思います。自分自身の足元を固めた先に、はじめて広い世界が見えてくるのです。

ですから、もしあなたが「ブレない自分になりたい」と思っているのなら、己の足元を見つめることからはじめましょう。雑巾を手にして掃除に励み、食事や立ち居振舞にも細やかに心を配って日々を過ごす。そうしてせっせと生活力を鍛えるなかに、道はおのずと見えてくるはずです。

目次

はじめに——3

壱　掃除の作法　澄み切った心をつくる——11

一　一掃除、二信心　身の回りの清浄は心の鏡——12
二　雑巾のあつかい方　無駄なく、美しい動作で——15
三　小僧時代の掃除術①　濡れ拭きと乾拭き——21
四　小僧時代の掃除術②　朝のスイッチはお茶湯のお供えから——24
五　小僧時代の掃除術③　ハタキと箒——27
六　窓の掃除　ガラス窓こそこまめに——31
七　東司　毎日欠かさず磨く——34
八　草むしり　タイミングが肝心——37

弐　典座の作法　火と水と時間を自在にあつかう——39

一　飯の炊き方　直火に勝るものなし――40
二　一本の大根を生かし切る　いのちの恵みを生かす――43
三　コトコト炊く　味は冷めるときにしみこんでいく――46
四　胡麻豆腐のつくり方　根気の修行――48
五　精進だしのひき方　引き出す力――51
六　繰り回し　とことん使い切る――54
七　調味料の極意　決め手は素材そのもの――56
八　典座の智慧　食の修行のかなめ――58
九　陰徳を行ずる　重責を遂行する――61
十　段取り力　頭と体のフル稼働――63
十一　必要にして最低限　調理道具の基本――65
十二　調理道具　常に、次にすぐ使えるように調える――68

参　食事の作法

いただいた生命《いのち》を、からだにみなぎらせる――71
一　器のあつかい　ひとりひとりが自分の食器を管理する――72
二　持鉢　簡素な究極の機能美――77

三　食事五観文　感謝と自省――79
四　生飯　いのちの循環のために――82
五　食器のかたづけ　即今――その場で自分でやる――84
六　衣鉢を継ぐ　師の教えを受け継ぐ――88
七　米搗きの日々で大悟に至る　慧能禅師①――90
八　汝の心動く　慧能禅師②――93

四　振舞の作法　日本人なら体得しておきたい、和室の作法――97

一　襖の開け閉め　座って行うのが基本――98
二　座布団の作法　踏んではいけません――101
三　上座、下座の作法　床の間を基準に考える――106
四　「畳の縁を踏んではいけない」　これにも理由があります――110

五　禅寺の作法　威儀即仏法――113

一　禅堂と常住　坐禅よりも大切な日々の作務――114

二　開浴　湯は三杯まで――116
三　四九日　自分の剃刀は人のため――119
四　失敗は成功のもと　体得したことは忘れない――121
五　手づくり　自給自足が禅寺の原則――124
六　規律と自由　決まり事の意味――126
七　托鉢　財施と報施――129
八　点心　ありがたい機会――132
九　歩き方のルール　等間隔で体積を最小限に――134
十　旦寮衣　雲水の普段着――137
十一　五感を目覚めさせる　たくましく生きる力を取り戻す――139
十二　行脚　世間に目を向け、心をつくる修行――142
十三　単箱　ひとり一畳で不自由なく暮らせる理由――145
十四　庭詰　覚悟が試される試練――148
十五　頭陀袋　いつでもどこでも、袋ひとつだけ――151
十六　臘八大接心　遺書を書いて臨む者もいる修行――153

六 文化の作法 正しく美しい型を身につけると、心が自在になる——157
一 環境との共存 互いの命を慈しみあう——158
二 硯 文房四宝のはなし——161
三 千字文 手本をなぞる意味——163
四 毛筆 肝心かなめの「命毛」のはなし——166
五 いい道具とは？ どこを見極めるのか——170
六 風呂敷のあつかい方 万能の布の智慧——172
七 無功徳 誰かに何かをしてあげる、のなかにある驕り——174
八 ご利益 その願いはなんのため？——176
九 坐禅について 座る文化——179
十 無言の雄弁 沈黙に耐える力を養う——183
おわりに——186

構成／氷川まりこ
イラスト／株式会社ウエイド

壱

掃除の作法

澄み切った心をつくる

一 一掃除、二信心

身の回りの清浄は心の鏡

一掃除、二信心。お勤めをしたり、書物や語録を読んだりすることよりも、掃除をすることがまず肝心、というのが禅の教えです。

中国元時代の禅僧・中峯明本《ちゅうほうみょうほん》和尚の座右の銘にも「常に苕箒《じょうしゅう》を携えて堂舎の塵を掃《はら》え」とあります。苕箒というのは、箒のこと。堂舎というのは自分自身の精神、塵は煩悩の例えです。つまり、常日頃、いかなるときにも、つまらない煩悩を捨てて、己の精神を清浄にしておくことが大事だ、と言っておられる。ここで「常に」というのが重要ですね。時々、ではダメで、ひとときも忘れてはならない、というのです。

しかし、一掃除、二信心とはよく言ったもので、この年になって、つくづくそう思います。自分自身と身の回りが清浄でないと、どことなく落ち着かないものです。ということは、身の回りが清らかであれば、おのずと心も澄んでくるといえます。

いまはどこの会社でも掃除専門の業者さんを雇ったりしてますが、ひと昔前は、始業時間よりちょっと早めに出社して、まず机を拭いてから一日の仕事がはじまったものです。最近は、自分で勝手に掃除をしてくれる便利な機械もあって、これも使いようですが、やはり細かいところは人間の手と目で確かめてしないことにはどうにもならない部分がありますね。なにより、自分自身で自分の体を使ってするということに意義があるのです。日々の掃除に真剣に取り組むことは、どんな禅の修行にもまさる修行といえます。

あるとき、講演で訪問した学校の校長先生が、ぜひ校是にしたいとおっしゃるので、大きな字で「一掃除、二信心」と書いて差し上げたことがあります。

もともとその学校は、登校したらまず最初にトイレの掃除をするという学校なんですね。トイレというのは、人が嫌がる掃除でしょう。そういうことから率先してやりなさい、と教える。最初は嫌がっていた子どもたちも、毎日繰り返していくなかで、当たり前のこととしてちゃんとするようになるそうです。子どものころに身につけた習慣というものは、大人になってからもずっと残るものです。

私の小僧時代も、一日は掃除からはじまりました。それこそ、一年三六五日、一日中、どこかしらの掃除をしているような生活です。そんななかで師匠からやかましいくらいに言われたのが、「見えない場所」をきれいにしろ、ということ。

具体的に言えば、床の間の落とし掛けの裏側、とかですね。落とし掛けというのは、床の間の正面、二本の柱と柱の間にある天井側の小壁、ここに渡してある柱のことです。ここを師匠が指先でスーッとなぞって、私らの目の前に差し出す。ついてるんですね、埃が。表側はみんな気にするけれど、見えない裏側は、けっこういい加減にしてしまう。実際、見えるところは毎日しているのに、落とし掛けは三日に一回ぐらいしかしてないわけですよ。見えないところこそ気を抜いてはいかん、裏までちゃんとすることが「行き届く」ということだ、と厳しく教えられました。

で、実際そういうところまでピカピカにすると、不思議なもので実に清々しい気分になるんです。

掃除をする際には、「人が嫌がるところ」や「人から見えないところ」こそ、自分の心が映ると考えて、心して掃除を。とことん続けていくうちに、掃除に限らずあらゆる行動に、その心がけが表われてくるはずです。

見えないところにこそ、心をこめる、手をかける

二 雑巾のあつかい方

無駄なく、美しい動作で

禅寺の掃除の基本は雑巾、と言っても過言ではありません。

雑巾も最近は、出来上がった状態の新品が売られていますが、本来は、使い古したタオルや布を使って、それぞれの家でつくったものでした。タオルを横に半分、さらにもう一度横に半分にして、ダーッとミシンをかけます。この大きさが、絞るにしても、拭くにしても、手の大きさにちょうどおさまりがいいのです。私どもの寺では、いまでもそうして自分たちで縫った雑巾を使っています。

バケツに張った水に浸けて、図に描いたように、絞る際は三つ折りにして、ひねって絞ります。絞り方は二通りあって、正直これはどちらでも。その人の手の癖とか、力の入り具合で、やりやすい方で結構です。速やかに無駄なく、しっかり絞ることの方が肝心です。片方だけで絞り足りなければ、持ち替えてもう一度。持ち替えることで力の入り方が変わりますから、よりしっかり絞ることができるのです。

絞ったら、一度広げて、今度は二つ折りにします。このサイズで、だいたい広げた手の

雑巾の絞り方

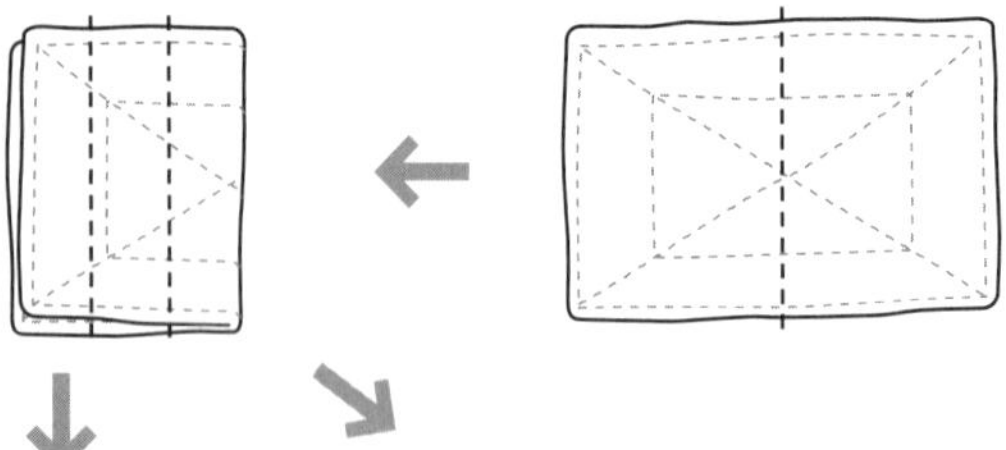

横にもつ

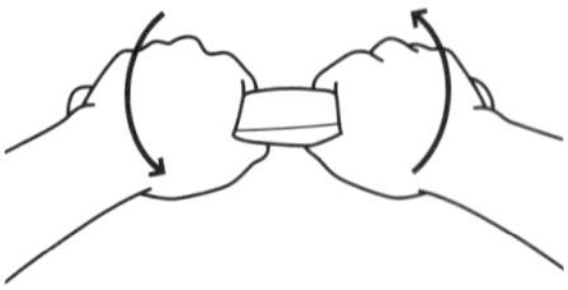

両手を順手にして、畳んだ雑巾を
横にして握る

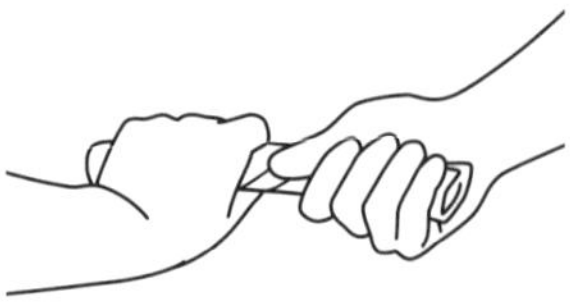

キャンディのつつみ紙の両端を
ねじるような動作

縦にもつ

畳んだ雑巾を縦にして、竹刀やバットを
握るように、どちらかの手を逆手にして
握る。この図では右手が逆手

脇をしめて手首を内側に
絞りこんでいく

雑巾の使い方

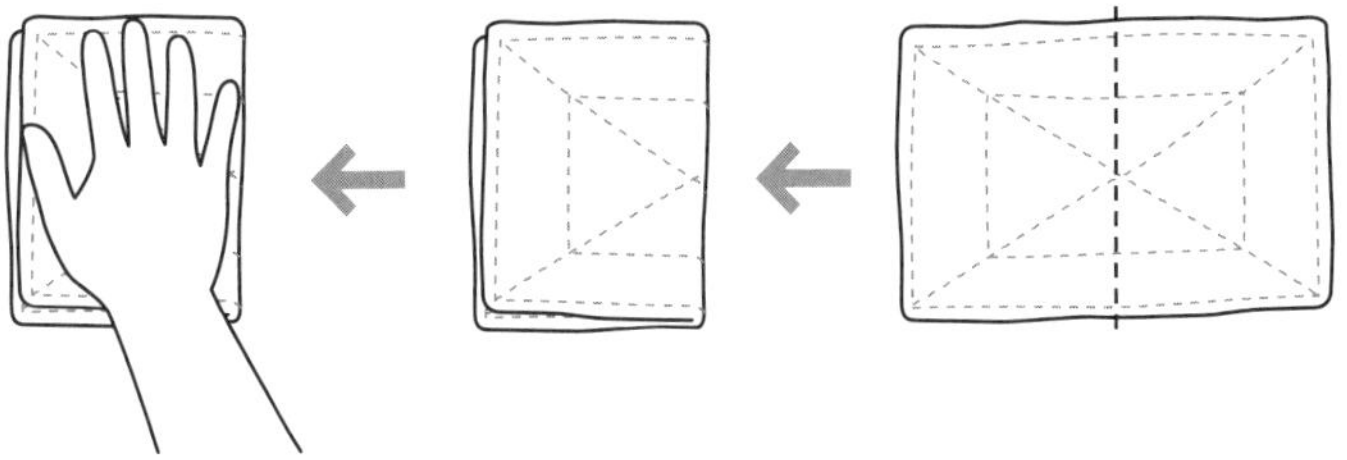

表、裏、折り直して表、裏と、
全体を無駄なく使う

雑巾のすすぎ方

バケツの水に浸す

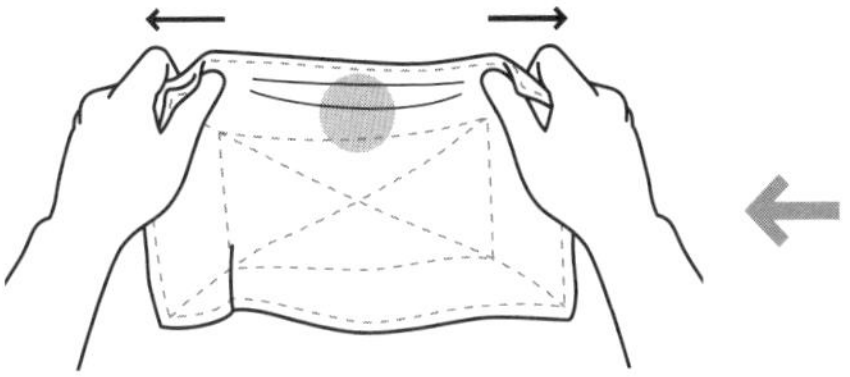

バケツの中で、両手で雑巾の
両端をもって引っぱるようにして
汚れを浮かせる

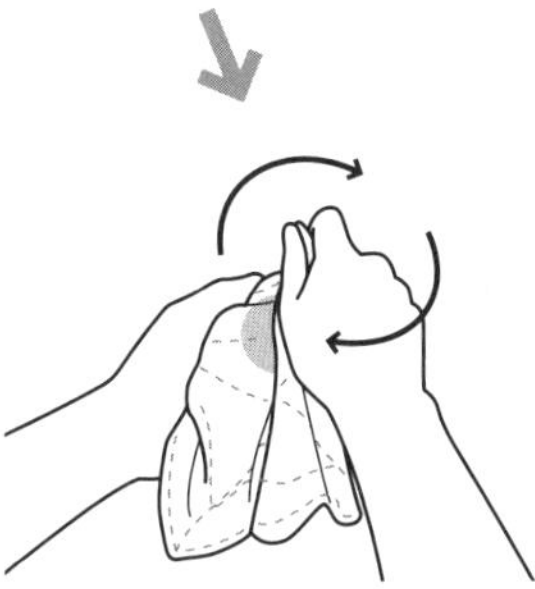

両手で両端を握りこんで、
汚れた部分をすり合わせ
るように揉む。
隣の一辺も同様に「引っ
ぱって汚れを浮かせて揉
み洗い」を繰り返して4辺
とも行う

ひらで全体が押さえられますね。女性の場合は、これでは少し大きいでしょうから、さらにもう一回二つに折って、四つ折りの状態で使ってもいいと思います。要は、片方の手のひらで押えられる大きさ、ということです。二つ折りにした状態で表、裏と使って、汚れたら、今度は内側になっていた面が外側に出るように折り返して、また表、裏と使う。そうやって四面を使って、だいたい一枚の雑巾で四畳半から六畳は拭くことができます。

汚れた雑巾は、バケツの水の中でしっかり揉み洗いします。一辺の端と端を持って真ん中ですり合わせるように揉んで、そこがすんだら隣の一辺に移って同じように両端を持って揉み、それを四辺すべて行います。

たかが雑巾のすすぎ方に、茶道の作法のようなこだわりは必要ないじゃないか、と思われるかもしれません。けれど、逆なのです。掃除のように日々繰り返して暮らしを調える作業にこそ、もっとも効果的な道具の扱い方や手順があって、そうしたきわめて合理的な日常の動きを取り入れたのがお茶なのです。

そういうふうに、すべてに道理があるのです。ですから雑巾も、適当にガサガサとすすぐだけでは汚れもあまり落ちない上に、水も周囲に飛び散ります。

雑巾の絞り方に限らず、見て美しいと思える動作は、機能的にも優れているものなのです。いわゆる「型」というのは、そういうものです。ひたすら繰り返すことで型さえ身につけてしまえば、あとは意識しなくても自然に体が動いてくれます。

長い廊下や大きな広間に雑巾をかけるときなど、お尻をくっと持ち上げた姿勢で雑巾を滑らせながら走って掃除することもありますね。こういうときは、両手を使いますから雑巾は畳まずに一枚のままの大きさで使います。ここで、ひとつ上級のテクニック。そういう廊下のようなところには、雑巾を二枚重ねにして使います。そうすれば、使える面が倍になって、倍の広さを拭けます。いちいちバケツのところまで戻ってすすぐ手間が半分になりますね。

ちなみに、使い切ってボロボロになった雑巾も、まだ捨てません。かつてのように風呂や竈《かまど》に火をくべる時代には火種に用いて、最後まで使い切る。いまなら、玄関の三和土《たたき》や庭の敷石などの泥汚れを拭《ぬぐ》ったりして、もうこれ以上使えるところはない、というところまで使い切りたいものです。

実は、私たち坊主が身につけている袈裟《けさ》も、そうした繰り回しの知恵から生まれたものだということをご存じでしょうか。袈裟は別名、糞掃衣《ふんぞうえ》といって、お釈迦様の時代、貧しい人々がそれこそ糞を拭うのに使うぐらい着古した着物を、そのなかでもまだ状態のいい部分を切り取って、つぎはぎして一枚の布に仕立てた、というのがそのルーツです。

雑巾一枚にも、そういう、ものを大切にする心を忘れたくないものです。

「型」には合理的な美しさが宿っています
おろそかにしてはあかん、ということです

三　小僧時代の掃除術①

濡れ拭きと乾拭き

雑巾のあつかいのポイントは、拭く場所によって絞り方を変えること。大きく分けると、濡れ拭き、乾《から》拭きの二種類があります。

乾拭きというと、乾いたままの雑巾でするもの、そう思っている方はけっこう多いようですが、実はそうじゃないんですね。雑巾がけに関しては、ほとんど水気がないくらいによく絞った雑巾を使うのが、乾拭きです。乾いたままの雑巾では汚れがくっつかないので、拭く場所によっては逆に汚れをなすりつけてしまうことにもなりかねません。

乾拭きをする場所は、寺ではまずご本尊がおいでになる須弥壇《しゅみだん》。ここは特別な場所で、漆の塗りが施されていたりするので、柔らかい布で作ったきれいな雑巾を、ギューッと絞れるだけ絞って使います。一般の家でも同じことで、床の間をはじめとする大切な場所は、丁寧に行います。

畳も乾拭きです。ただし、あまり拭きすぎると傷《いた》むので、畳の乾拭きは毎日する必要はありません。畳の目に沿って毎日箒で掃いていれば、雑巾がけはむしろ時々くらいのほうがいいのです。畳の縁の部分、いわゆる紋縁《もんべり》と呼ばれるところは、できるだけ触らない。織物ですから、下手に触るとかえって汚れがついて黒ずんでしまいます。障子の桟も木地で水気を吸いやすいので乾拭きです。水気が多い雑巾では、貼ってある障子紙に水分がついてしまう可能性もありますからね。

濡れ拭きをするのは、廊下や板の間。木の床の場合は、あまり硬く絞りすぎてしまうと雑巾の滑りが悪くなるので、少し緩めに絞ります。長い廊下は、ターッと端から端まで拭いて、向きを変えてそのすぐ横を同じようにターッと戻ってくる。濡れ縁や半畳くらいまでの幅の場所なら、横一文字に雑巾を動かして、雑巾の幅の分だけクッと手前に引いて、今度は反対側から横一文字に動かして、これを繰り返しながら奥から手前へとバックする要領で拭き進めます。乾拭きも濡れ拭きも、基本的にはあまり力を入れる必要はありません。逆にギュウギュウ拭きすぎると、汚れをすりこむことになって黒ずんでしまったり、表面が剥げてしまうこともありますから、ほどほどに。

雑巾というひとつの道具を、含ませる水分を変えて自在にあつかう。使い分けの智慧です

拭き進め方

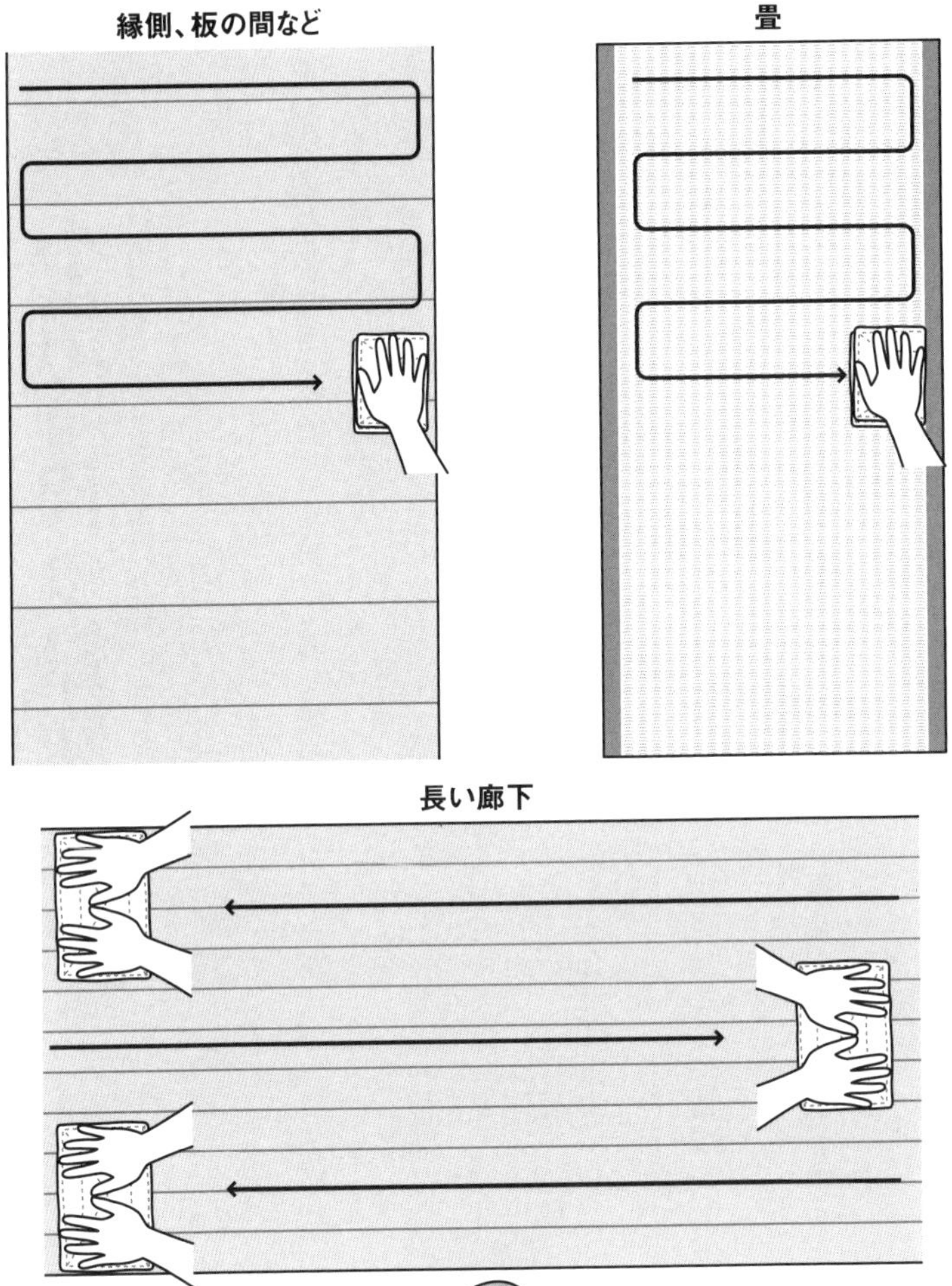

四 小僧時代の掃除術②

朝のスイッチはお茶湯のお供えから

私の生活力の根底にあるのは、ほとんどすべて九州大分の岳林寺《がくりんじ》での小僧時代、八歳からの十五年間に身についたものです。

起床は夏なら四時半、冬は五時です。チリーン、チリーンという鈴の合図で目が覚めると、すぐに布団を飛び出して弟弟子たちを起こし、布団を畳んで本堂に走ります。

まず、お茶湯《ちやとう》です。折水器《せつすいき》という桶のようなものをもって回り、前の日に仏様に供えたお湯をお下げして、その中にあけて、代わりに新しいお湯を差し上げます。

広い本堂には一か所だけでなく、たくさん仏様がおいでですから、おひとりおひとりの前で同じことを繰り返しながら、ぐるりとひと回り。それが済むころに師匠がお出ましになってお勤めをなさいます。

昔は、どこの家でも、起きたらまず仏壇の仏様のお湯を換えて、お線香を供え、手を合わせることから一日がはじまったものです。

これがひとつのスイッチになったんですね。前の晩からの続きでなんとなく日常がはじまっていくのではなく、朝、起きたらパチッとスイッチを切り替えて、新しい気持ちで一日をはじめる。

現代の生活は、ずるずる、だらだらと、実にメリハリがない。メリハリというのは、とても大事なことで、ここからここまでと区切りを設けることで、おのずと集中力が生まれてくるのです。

現代は、なんでも「ながら」の時代になっていて、食べながらテレビを見る、歩きながら携帯電話で話す、そんなのは当たり前。ひどいのになると自転車に乗りながらメールをするといった始末で、自分が危ないだけでなく、他人まで危険にさらす。とんでもないことです。

「ながら」でしたことは、同時にふたつのことをして得しているのではありません。実はどちらも中途半端。つまり、どちらもしていないに等しい。

ですから、禅では、徹底して「目の前にあること」、「目の前のいま」に集中せよ、と叩きこまれます。

集中するためには、己の心身や身の回りの塵を払い、すっきりとさせておくことが欠かせません。雑念の入る余地のない状況、環境を作ること。そのためには、早朝のお茶湯で今日のスイッチを入れて、まず掃除からはじめるという寺の生活は、非常に理にかなったものです。

「ながら」はどっちもやっていないに等しい
「目の前のいま」に集中することが
胆力を鍛える

五

小僧時代の掃除術③

ハタキと箒

掃除の基本は、上から下へ、高から低へです。

僧堂の掃除は、最初にハタキをかけ、ほこりを下に落とします。ところが、最近の若い人たちはハタキというのがわからないらしいですね。ハタキは、二十〜三十センチほどの長さの、太い幅の薄く軽い布を束にして、柄に取りつけた掃除道具です。漢字で書くと「叩《はた》き」です。

もともとは、女性の着物の裏地としてよく使われていた紅絹《もみ》という薄い絹布を、着古した着物から解いて、ハタキに作り直して利用していました。雑巾と同じく、繰り回しの知恵ですね。

掃除道具も最近は、フローリング用、窓用、浴室用、トイレ用と、実にさまざまな種類が出回っていますが、本来、掃除といえば、ハタキ、箒、雑巾が三大道具。これにバケツと水さえあれば、日常のどんな掃除もこと足りたものです。ものがあふれかえっているいまの世の中でこそ、昔ながらのシンプルなやり方をもう一度見直してみることで本当に必要なものが見えてくるような気がします。

ハタキは、窓や障子の桟《さん》、照明器具のカバー、家具の上など、手の届きにくいところに積もった塵を、まさにその名のとおり、はたき落とす道具です。手首のスナップを利かせて、余分な力を抜いて、リズミカルに、ポンポンッ、ポンポンッ、と布の先が踊るように動かしながら、高いところから低いところへとかけていきます。

ひととおりハタキをかけ終わって、はたき落とされた塵が、床や畳の上に落ちた頃合いを見計らって、次は箒で掃き集めます。

目に見える大きなゴミならともかく、日々積る微細な塵や埃は、目にはほとんど見えないので、本当に掃けているのかどうか手ごたえが得にくいものです。しかし、塵も積もれば山となるという言葉どおり、そうやってひとつ所に集めてみると、昨日掃除したばかりなのに、というくらい、けっこう塵やほこりがあるんですね。

掃き方にも作法があって、むやみやたらに掃けばいいというものではありません。せっかくはたき落とした塵をできるだけ舞い上がらせないように、必要にして最少の動きで、静かにしっかりと、隅から隅まで掃いていきます。

このとき、大事なのが掃き進める順序です。部屋の中の上座から下座へ向かって掃いていきます。というのは、出入り口は下座にあるのが一般的ですから、そこに向かって塵を一か所に集めていき、最後は塵取りに集めるか、スッと外に掃き出します。これが一番、

ハタキの使い方

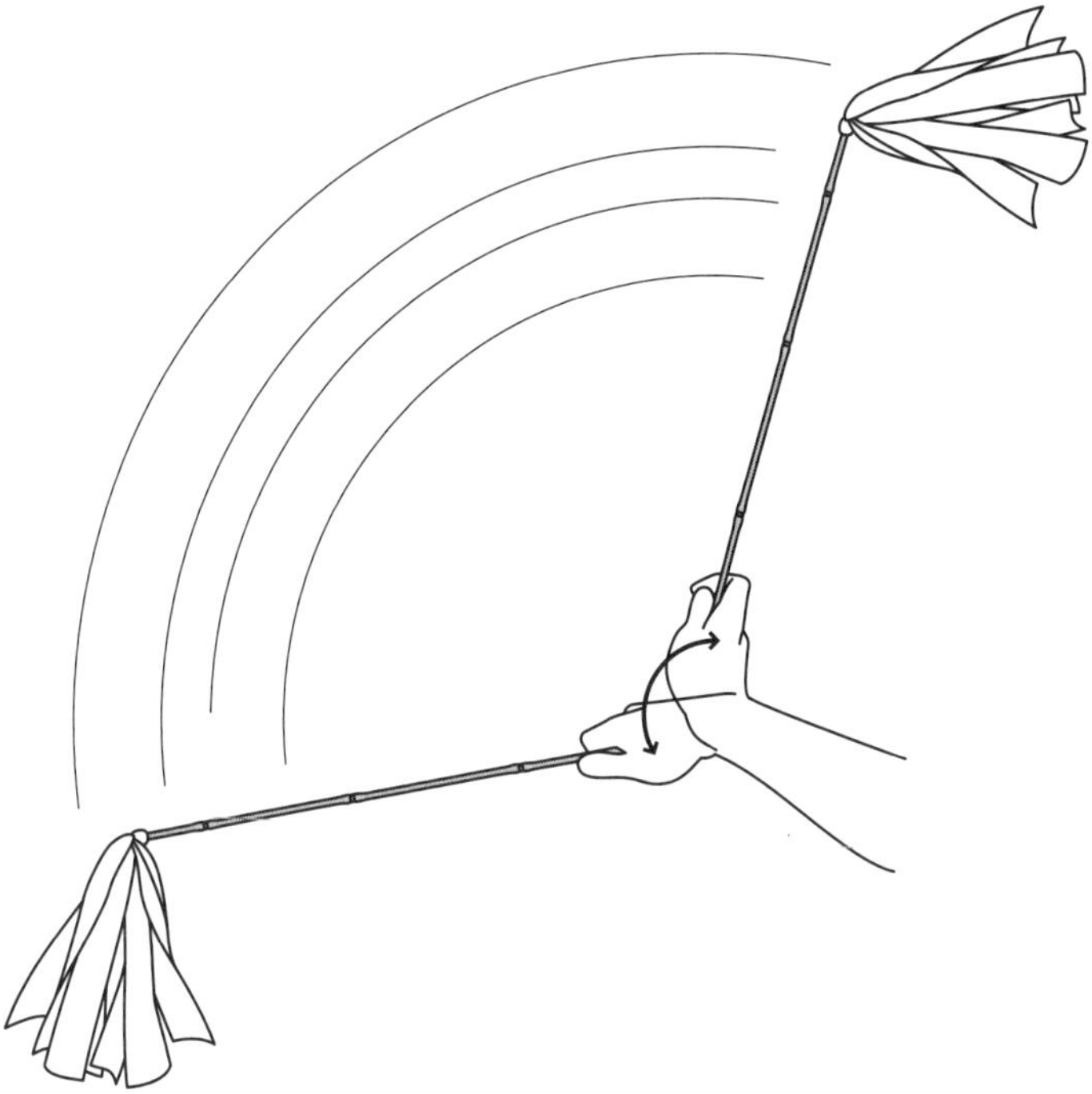

手首を軸にして、素早く、勢いよく埃や塵をはたき落とす

無駄がない。もちろん、部屋によって間取りの違いはありますから、そこは臨機応変に。

本堂であれば、一番の上座は須弥壇。ご本尊をお祀《まつ》りしてあるからです。そこからはじめて、下座へ下座へと進めていけば、掃き残しがなく、確実に全部を掃き浄めることができるというわけです。

掃除の基本は上から下へ
方向にも順序にも、意味があるのです

六

窓の掃除

ガラス窓こそこまめに

窓の掃除は中性洗剤とか重曹とか、濡らした新聞紙がいいとか諸説いわれていますが、禅寺ではこれも雑巾一枚ですませてしまいます。ただし、窓に関しては、雑巾は少し特別で、乾拭きで汚れを取ってから、もう一度、今度は本当に乾いたままの雑巾で、同じように拭いていきます。水分のある雑巾だけだと、どんなに上手にやっても、拭いた筋がガラスに残ってしまうんですね。

まず、雑巾の持ち方の基本である二つ折りの状態にして、窓枠に沿って上から下へ、左から横、もう一辺をまた上から下、と拭きます。枠とガラスの間にたまった汚れを拭い去る心持ちです。

そうしたら今度は、左上の角に雑巾を当てて、横一文字に右へと拭き、雑巾の幅の分だけ下げて、逆方向に一文字。これを繰り返して一番下まで拭いていきます。

以上を乾拭きでしたあとに、さらに乾いた雑巾で同じようにすれば、もう完璧です。洗剤や特別な道具を使わなくても、驚くぐらいきれいになりますよ。

ガラス窓の拭き方

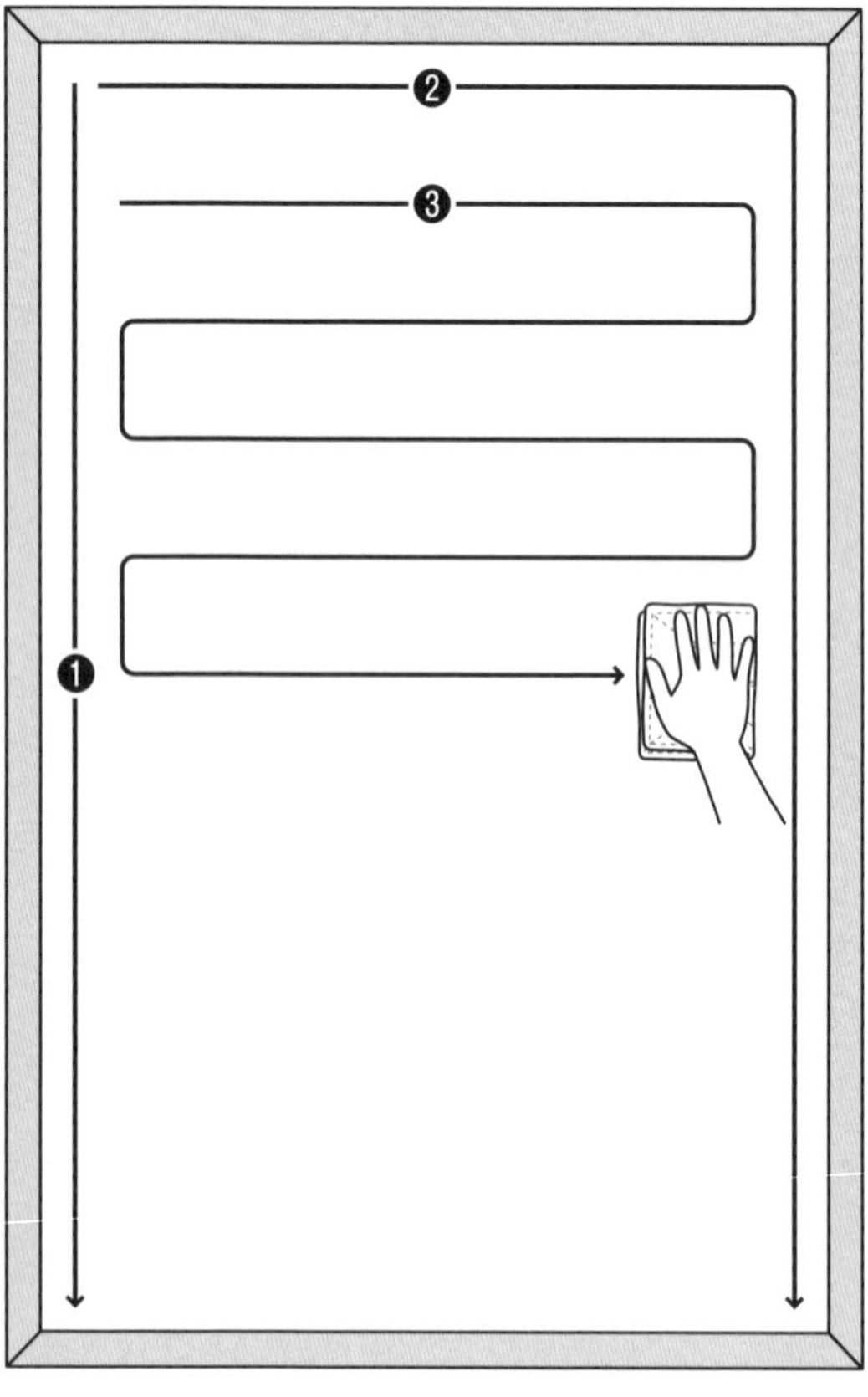

窓枠のレールの溝のような細い場所は、ひとさし指の先に雑巾を巻きつけて。指の入らないようなもっと細い溝などは、雑巾を畳んだ角を使って拭く。

窓掃除というと年末の大掃除のときくらい、という家も多いと思いますが、実は、窓こそこまめにしたほうが、ラクなんですよ。窓ガラスは野ざらしでほとんど人が触れることがありませんが、日々、確実に、汚れが積み重なっていきます。風雨にさらされて半年、一年と放っておかれれば、汚れは固まって頑固になる。人間と一緒です。一度凝り固まったものを、もとに戻すのは容易なことではありません。

力を入れずにサッと拭く程度で十分なので、窓こそ、あまり間をあけずにまめに掃除をすること。まめこそ、ラクをするための最大の秘訣です。


「まとめて後で」より「こまめに」

これがかえってラクなのです

七

東司

毎日欠かさず磨く

禅寺には東司《とうす》という場所があります。これは、トイレのことなんですね。僧堂では、東司もまた大切な修行の場とされています。

相国僧堂のトイレは、小便器は、朝顔と呼ばれるひとりずつ用を足す一般的な陶器のものとはちがって、数人が並んで一度の用を足せる大きなコンクリート製です。ひとりずつのスペースを区切る仕切りはありません。学校の校庭や廊下に設置されている長い流しの巨大版を思い描いていただくといいかもしれませんね。

さすがに大のほうには仕切りもドアもある個室ですが、水洗式ではなく、いわゆる「ポッチャン式」です。

というのも、園頭寮《えんずりよう》という菜園を担当する雲水が桶で汲み取りをして野菜を育てる肥料にするからです。

京都の真ん中でいまだ水洗でないばかりか、汲み取りまで行っているのです。こんな話はあまりする機会はありませんが、この事実を知ると、みなさん相当驚かれますね。

トイレというのは、一般的には掃除のなかでも一番敬遠される場所です。汚いから、イヤというのですね。

自分たちで出したものなのに、人間とは勝手なものです。たしかに排泄物がきれいか汚いかといったら、けっしてきれいなものではない。だからこそ、トイレという場所はほかのどこよりも、常に清潔にしておくことが大事なのです。少しでも油断して手を緩めたら、すぐに本当に汚くなってしまうからです。

個室の陶器製の金隠しも床も、ほかの掃除と同様に、雑巾一枚できれいにします。ここでも洗剤などは使いませんし、ゴム手袋も使いません。濡れ拭きの絞り加減で、金隠しの内側も、素手で隅から隅まで磨きあげていきます。窓と一緒で、毎日まめに磨いていると、汚れというのは不思議とつかないものなのです。

ちなみに、私どもの僧堂の小便器はコンクリート製なので、雑巾では拭かずに、水をかけて洗い流すだけですが、もしこれが陶器であれば大便器同様、雑巾でキュッキュッと磨きます。

トイレの掃除を素手で雑巾だけで行う——。

会社や自宅で実行するには、おそらく最初のうちはかなり抵抗があると思いますが、毎日欠かさずに磨いていると、何日か過ぎたころには随分と抵抗がなくなって、きれいにしておかないと落ち着かないようになってきます。

そうして、ピカピカになっていくことがなんだかうれしく感じられるようになったら、
ほんものの掃除力が身についてきた証拠です。

清潔なトイレは心の清浄のバロメーター
汚いと思う場所ほど、
まめに丁寧に磨きあげる

八

草むしり

タイミングが肝心

機を見るに敏、という言葉があります。ものごとをすべき状況や時期のタイミングをつかむのがうまい、ということですね。庭の掃除や手入れは、まさにこのタイミングの見計らいが肝心です。すべきときにしないと、余計な手間や時間がかかったり、せっかくした作業が台無しになりかねません。

たとえば草むしり。春先から夏にかけては、植物の生命力が非常に旺盛で、日に日にグングン成長します。雑草も芽が出たてのころには土もまだ柔らかく根も浅いので簡単に抜けますが、ある程度育ってしまうと根っこがしっかり張って、無理にひっぱると途中でちぎれてしまいます。残った根から、すぐにまた、新しい葉が生えてきます。

草むしりのコツは、日が高いうちに終えることです。太陽がカンカンに照っていれば、抜いた草をそのまま放っておいても、すぐに干からびてしまうので、また根づいてしまう心配もない。片っ端から抜くだけ抜いて、カラカラに干からびて軽くなったところで集めて捨てる。これが最も効率的です。

水撒きは逆に、早朝か夕方です。特に夏の場合は、昼間は禁物。太陽の熱で地面は思った以上に熱をもつので、撒いた水がお湯状態になってしまい、根を傷めます。

こうしたことは、ちょっと考えればわかること。タイミングをつかむのは、そんなに難しいことではないんですよ。毎日、相手をよく観察し、その性質や特性を知ることです。

これは、相手が人でも自然でもまったく同じですね。

人も雑草もよくよく観察することで、対処する道が見えてくる

弐

典座の作法

火と水と時間を自在にあつかう

一 飯の炊き方

直火に勝るものなし

禅寺の僧堂で修行する雲水には、それぞれ役目が与えられます。食事に関わる一切を取り仕切る典座《てんぞ》、本堂管理、お経の指揮、時報を司る殿司《でんす》、僧堂を取り仕切る侍者寮《じしやりよう》、師家《しけ》の日常のお世話をする三応寮《さんのうりよう》、来客や入門したての新米の世話をする知客《しか》、会計担当の副司《ふうす》、風呂係の浴頭《よくとう》といったさまざまな役種があって、半年ごとに交代しながら担当します。生活に必要なほぼすべてのことを自分たちで行い寺を運営していくわけですから、僧房にいると、ひととおり何でもできるようになるわけです。

なかでも炊事担当の典座は、非常に重要な仕事とされています。生きていくために絶対に欠かせないのが食べること。その命をあずかる役目ですから、とくに大切とされるのです。

料理の基本中の基本は、まず飯を炊くことです。

最近は、いかにおいしいごはんが炊けるかを追求した炊飯器がいろいろと出ていて、十数万円する高級品もあると聞きます。味にこだわる人たちの間では土鍋も随分見直されているようで、火加減の調節が必要ない飯炊き専用の土鍋といったものも人気のようですね。直火で炊いたごはんというのは、実においしいものです。

相国寺の僧堂では、昔ながらの大きな羽釜で、竈に薪をくべて飯を炊いています。いまどき一般の家庭で薪を使って料理をしているところはまずないと思います。ガスや電気と違ってスイッチひとつ、というわけにはいきませんから、あつかいが大変そうと思われるかもしれませんが、コツさえつかめば難しいことはありません。むしろ自然に変化していく火力を上手に利用することで、楽々とおいしい飯が炊けるのです。

また、薪を使わなくても直火の釜は、慣れてしまえばこれほどあつかいやすいものはありません。というのも、炊飯器だとちょっと水加減が違っただけでダメ、ということがありますが、釜にはそれがありません。大きな釜でたくさん炊けば、なおさらです。ちょっとやそっと水加減が足りなかろうと、逆に多かろうと、どうということはない。水が足りなければ足りないなりに、多ければ吹きこぼすといった具合に、釜自身がちゃんと調整してくれますから、それなりにちゃんとおいしいごはんが炊けるんです。

近頃は、冬は水が冷たいからといって、お湯で米をとぐ、なんて人も多いそうですが、これはだめです。お湯でとぐと、米が割れやすくなるからです。その点、昔ながらの井戸水というのは、理にかなっていますね。夏は冷たくて、冬は温い。

肝心な水加減ですが、炊飯器の目盛や計量カップに頼らなくても、ちゃんと計れる方法があります。といだ米を釜に入れて、水を張って、そこに手のひらを平らに載せる。指の付け根の少し上、手の甲の骨のでっぱりぐらいまで水がヒタヒタとかぶるくらい、これが目安です。体をものさしとして使う昔ながらの智慧ですね。

目盛に頼らず自分自身の体をものさしにする

二

一本の大根を生かし切る

いのちの恵みを生かす

食材をまるごと無駄なく生かす。そのためには、何がまず必要でしょうか。答えは、その食材についてよくよく知ることです。

たとえば大根ひとつとっても、実にいろいろとあるわけです。品種によって調理法や味つけも変わってきますし、季節によってもまた違います。一本の大根でも、部分ごとに柔らかさも辛味も違ってきます。葉に近い上の方が身が柔らかくて、辛味は弱め。下の方が繊維が多めで、辛味が強い。ですから辛味を利かせたい大根おろしなんかは下の方を使うのがよく、だしと醤油でコトコト炊いていくような料理には上の方が向いているんですね。

栄養や風味は皮のすぐ下の部分にもっとも詰まっているので、寺の料理では皮はむきませんし、茹でることでせっかくの持ち味や栄養を逃がしてしまうのはもったいないので、下茹でもしません。見た目や口当たりのよさより、まるごとのいのちをあますところなくいただくことを最優先に考えます。

大根の葉は、胡麻油でいためてちょっと醤油を落とすだけでおかずになります。さらに油揚げなどを加えれば、立派な一品料理になる。

けれど葉がついた大根はほとんど店に並ばなくなってしまいましたね。実にもったいないことです。硬いからといって捨てられがちな白菜やキャベツの芯も、実は一番甘みが詰まっている部分。芯は小さく刻んで、柔らかい葉の部分はザク切りにして、一緒に調理すれば、均等に火がとおります。捨てる部分などひとつもなく、すべて感謝していただきます。

料理屋さんで大根を炊く場合、まず皮をむいて面取りをして、白く仕上がるよう米のとぎ汁で下茹でをして、さらにもう一度熱湯で茹でてとぎ汁の臭みをとって、ようやくおだしで炊きはじめる、といった手間をかけるときききます。料理屋さんの場合、商売としてお客様にお出しするのが目的ですから、見た目の美しさも大切な要素です。

それに対して私たちのような寺では、素材がもともと持っている力を損ねることなく最大限に引き出すことが肝心ですから、最低限どうしても必要な手間だけをかけます。

鹿苑寺《ろくおんじ》（金閣寺）の開山忌《かいさんき》の客膳には、大根を分厚い輪切りにして真ん中でスパーンと半月に切ったのを、大きなお揚げと一緒に炊いたものを必ず出すんですが、これも下ごしらえはしません。けれど、しっかり味を含ませるために、コトコトと火を入れては冷まし、火を入れては冷ましを繰り返し、二日間かけて炊いていきます。

そういう「まるごとをいただく」料理をするためには、食材が安全で新鮮、ということが前提になりますね。私のいた寺では、自分たちの畑でつくって、調理をする直前に収穫をしていたものです。けれど現代では、そういうのはなかなか難しくなってました。世の中、節約だエコだといわれて久しいですが、食材のようなもっとも身近なところから見直していく時期がきているのではないでしょうか。

食材をよく知る
かける手間は最小限
感謝してまるごとをいただく

三　コトコト炊く

味は冷めるときにしみこんでいく

風土や気候は、そこに暮らす人間の暮らし方や考え方に大きく影響します。世界的にみると総じて穏やかといえる気候風土で、しかも刻々と変化する四季をもつこの国では、おのずと繊細な感性が培われます。

雨の名前ひとつとっても、五月雨《さみだれ》、麦雨《ばくう》、驟雨《しゅうう》、時雨《しぐれ》といったように季節や降り方による細やかな使い分けがあり、さらには狐の嫁入りや卯《う》の花腐《くた》しなどのような抒情的な表現もあったりします。

料理の手法も、同じ調理法であっても火や時間の加減によるちょっとした違いを言葉の使い分けでうまいこと表現しています。「焼く」に対して、表面だけを軽く焼くことを「炙《あぶ》る」。軽く茹でるにしても、「湯掻《ゆが》く」「湯をとおす」「湯引き」では、加減が微妙に違ってきます。また、主に関西では煮ることを「炊《た》く」といいますが、炊くといったときは単に煮るのではなく、コトコトと時間をかけて火をとおし、味をしみこませる、という感じになります。

寺の料理では、この「炊く」という調理法がよく用いられます。素材にコトコト火を入れていくと、素材自身がもっている旨味や味が汁のなかに溶け出します。さらに炊いていくと、今度は素材と出汁《だしじる》の旨味が一緒になった味が入っていって、炊く前とは別の味わいに変化するんですね。

豆腐をすり鉢であたって丸めて揚げたガンモドキなどは、揚げたてにちょっと塩を振って食べたらそれだけで十分おいしいものですが、炊いて煮汁の味がしみこむと上等なご馳走の一品になります。ガンモドキは、もともと精進の肉の代わりとして考えられたもので、漢字で書けば「雁擬《がんもど》き」。雁の肉に見立てたわけですね。

味をよく含ませるには、ちょっとしたコツがありまして。コトコトとある程度炊いたら火を止めて、そのまま自然に冷まします。そうして、また翌日にコトコト、二日間かけて炊くんです。味は、温度が上がるときよりも、一度上がった温度が下がるときのほうがよく入るものなんです。

コツコツ、ひと息入れて、またコツコツ
ひとやすみすることで上がる効率もある

四

胡麻豆腐のつくり方

根気の修行

お寺の食事の中で象徴的なものが、胡麻豆腐です。胡麻は栄養価が高く、良質なたんぱく質が豊富ですから、精進料理にはもってこいのご馳走になります。

つくり方自体は、難しいことはありません。ただ、時間と根気がいります。胡麻を、焦がさないように弱火でほどよく煎って、すり鉢であたります。すって、すって、たっぷりと油が出るまで、とことんする。ものすごく時間がかかるので、小僧時代には、胡麻をすれと師匠から言われるたびに、力のある大人がすればもっと早くできるだろうに、と思ったものです。でも、大人になってから、どうやら小僧の手の力加減が、強すぎず、弱すぎず、ちょうどよかったんだということがわかりました。

そうしてたっぷりと時間をかけてトロトロのペースト状になったら、布巾につつんで胡麻のエキスを絞り出し、水で溶いた葛を加えます。このとき、葛を、たくさん入れれば早く固まるのですが、ある程度薄めでしゃぶしゃぶの状態から始めることが肝心です。その汁を、焦げないように、中火にかけて杓文字《しやもじ》でよく練り上げていきます。鍋底は焦げやすいですから、大きく底から混ぜて、全体に火が均等に入るようにします。手を休めることなく、ひたすらに練っていくと、だんだんと水分が蒸発して粘りがついてきます。

どこで練るのを止めるかがコツで、手を放しても杓文字が立つようになったら、それが合図。あとは型に流しこんで、自然に冷めるまで待てば、できあがりです。

練る時間が多ければ多いほど胡麻の香りがたってきます。ちゃんと時間をかけて作ると、ちゃんとおいしく出来上がる。時間を短縮しようと急いでつくったときは、おいしくないから不思議なもんです。

こんなふうにお話をすると、「胡麻は何分ぐらい煎るんですか」とか「杓文字が立つようになるまで何分ぐらいですか?」という質問が出てきますが、何分かはそのときによって違うんですよ。素材によって、季節や天候、ちょっとした火加減の違いで、時間なんて違ってくるのが当然。だから、状態を目安にするのが一番なんです。何度も何度もやっていると、そういう勘がだんだんとのみこめてくるんです。

はじめから失敗しないように、と思うから数字やマニュアルに頼るわけでしょう。でも、失敗することって、実は大事なこと。もし煎りすぎて胡麻がちょっと焦げてしまったり、練りすぎて硬くなってしまっても、それはそれでいいじゃないですか。料理屋じゃないんだから、こうでなきゃいけない、というものではないんです。葛がなければ、片栗粉だってかまいません。要は固まればいいんです。

こうしてつくる胡麻豆腐は、手間も時間もかかりますが、瓶詰になった練り胡麻を使ってつくるのとは、味も香りも格段に違います。ぜひ、挑戦してみるといいですよ。

無心に胡麻をする、無心に練る
胡麻豆腐つくりは
無心の練習にもってこいです

五 精進だしのひき方

引き出す力

日本料理と西洋料理の大きな違いはどこにあるかというと、素材の持ち味を「生かす」のが西欧料理で、素材の持ち味を「引き出す」のが日本料理だと聞いたことがあります。たしかに、日本料理では出汁ひとつとっても、昆布や大豆の味を生かすのではなく、詰まっている旨味を引き出すというのがまさしく適切で、そこから「だしをひく」という言葉はきているわけですね。

出汁は、料理づくりに欠かすことのできないものです。世界の多くの国で鶏や牛が素材として使われており、出汁をとるだけでもけっこう手間暇がかかります。

対して海に囲まれた日本では、出汁といえば、昆布と鰹節でとるのがもっとも一般的で、ほかには煮干しを使ったりもしますが、肉や骨からとる西洋風の出汁に比べると、短時間で簡単に、ほとんど失敗なくひくことができます。家庭でもっと気軽に自分でだしをひいてもいいいと思います。

禅寺では動物性のもの、いわゆる「なまぐさもの」は使いませんので、鰹節や煮干しは用いずに、大豆、昆布、干し椎茸などが出汁の素材となります。

こうして挙げてみると、日本の出汁の素材はほとんど乾物です。乾燥させて水分を減らすことで長期保存ができるようになるだけでなく、グルタミン酸などの旨味成分が凝縮されて、味も栄養もよくなる。昔の人の智慧、ですね。

寺の精進だしの基本は、大豆を用います。干し椎茸の戻し汁は個性が強いので、その風味に負けない煮物などの場合などに限って用います。

精進だしのひき方は実に簡単。まず大豆を香ばしく煎って、一昼夜水に浸けます。水の量は、大豆はだいたい二倍半ぐらいに膨らみますので、そのあたりを頭に入れて考えます。

十分に膨れた大豆を水から上げて、これはまた別の使い方があるので、捨てずにとっておきます。この汁に昆布を入れてまた一晩おいて、火にかけ、沸騰する直前で昆布を取り出します。これでまろやかな甘みのある精進だしの出来上がりです。

おいしい出汁をとるには、昆布を取り出すタイミングが肝心で、入れたまま沸騰させてしまうとぬめりや臭みが出てしまいます。

難しい手間暇はかからない分、使うときから逆算して、前もって大豆や昆布を水に浸けておく段取りが必要です。また、シンプルなだけに素材の力がストレートに出ます。できるだけ質のいい大豆と昆布を使うことを心がけるといいと思います。

時間を使いこなせば、優秀な道具になる

六

繰り回し

とことん使い切る

世界中では年間に千五百万人以上の人が飢餓が原因で亡くなっているのだそうです。

一方、日本の食品廃棄量は世界一ともいわれ、まだ食べられるのに捨てられる食べ物は、年間五百万～八百万トンにもなるんだそうです。

あまりに桁が大きすぎて想像もつきませんが、どうやら一日に一人が一～二個のおにぎりを捨てているという計算になるようです。

もともと日本人には「もったいない」という感覚が生活全般にわたって浸透しており、ものを無駄にしない、繰り回して最後まで使い切る、ということをごく当たり前のこととして行ってきたものです。そういう精神はどこにいってしまったのか、実に情けないことです。

僧堂では、だしをとったあとの大豆と昆布には、栄養も旨味もまだまだ残っているので、そのまま捨てることはありません。浸してふやけた豆は、すりつぶして絞れば豆乳になるし、絞りかすはおからとして料理に使います。豆乳ににがりを加えて豆腐もつくります。炊いてわらにつつめば、納豆もつくれます。畑のタンパク質といわれる大豆は、肉や魚を使わない禅寺の料理には欠かせない、本当に重宝な食材です。

昆布には旨味はもちろんのことヨードをはじめとするミネラルがたっぷり含まれていますから、それを捨てる手はありません。とことん、使い切る。小さめの四角に切って水と醤油で煮詰めて塩昆布にしますし、人参や牛蒡《ごぼう》、蒟蒻《こんにゃく》なんかと炊いてもいいし、ここにだしガラの大豆を茹でたものを加えて炊けば、立派なおかずになります。

だしガラを使い切る、なんてことは、ほんの小さなことにすぎません。これをしたからといって日本の食糧廃棄率が目に見えて減る、ということはないでしょう。でも、そういう小さな心がけがあってはじめて、大きな何かも動くのだと思いますよ。

日々の小さな心がけが集まれば、
いつか山も動く

七 調味料の極意

決め手は素材そのもの

人間、最後は塩と水さえあればなんとか命はつなげる、といわれます。塩分は摂りすぎると体にいろいろと弊害が出てきますが、適量であれば生きていく上で必要不可欠なものなのです。

調味料として考えたとき、塩は、しょっぱさを加えるためのものではなく、素材の味を引き出し、引き立てるのが役目。醤油も味噌も塩分系の調味料なので同じ働きと考えていいでしょう。対して味醂や砂糖の味は「足す」もので、こちらは摂らずにいても、体には何も問題はありません。ですから僧堂で使う調味料は、味噌、醤油、塩、そして酢。味醂や砂糖は使いません。あとは胡麻油と菜種油。これだけで日々の食事の味を調えます。

よく味の決め手は調味料、などと言う方もいますが、そうではないんですよ。あくまでも素材。素材自身がもっている味、それこそが「ほんものの味」といえるものです。塩はそのお手伝いをするのが本来で、塩味という自分自身の味を感じさせる使い方は失敗なのです。そこにちょこっと味のバリエーションをつけたいときに味噌や醤油を使う、というわけです。

同じ具材を使ってつくる汁でも、醤油仕立てか味噌仕立てかの違いで、見た目も味も違った汁になります。調味料との相性を考えて、野菜の切り方や材料のあつかいも変わってきます。たとえば、鎌倉の建長寺が発祥で「けんちん汁」とも呼ばれる建長汁は醤油仕立てで、それをアレンジして味噌仕立てにしたのが国清汁《こくしょう》です。寺や家庭ごとにいろいろなやり方があるようですが、私のところでは、建長汁では大根は短冊切りにして、賽《さい》の目に切った焼き豆腐を用います。国清汁は、大根は厚みのある銀杏切りで、豆腐は手でくずして入れます。

味とか相性というものは、目に見えないものだけに、つかみどころがありません。何度もつくっていくうちに、だんだんと素材と調味料の相性というものがわかってきます。そうやって自分自身の舌でたしかめる経験の繰り返しのなかで、自分の納得のいく味を見つけていく。それこそ、「ほんまもん」の味なのです。

料理も実践の哲学
体験のなかで「ほんまもん」を知る

八

典座の智慧

食の修行のかなめ

禅寺の雲水は、坐禅に専念する「禅堂」と、運営をになう「常住《じょうじゅう》」に分かれます。いろいろな役目がある常住のなかでも、一番大変で、かつ重要な役とされているのが「典座」です。

健康な心身をつくり上げるのは、正しい食事です。食べることは、生きていく上での基本中の基本。体が健康であることは、健やかな心を育むのに欠かせません。『典座教訓』をお書きになった道元禅師も、食がいかに大切か、またその食事を司る典座という役目がいかに重要かを説いておられます。

典座は、食材の買い出しからはじまって、料理に関するすべての差配をします。寺では沢庵や梅干しも雲水たちが総出でつくりますが、そういう際の段取りや手順を調えて号令をかけるのも典座の役目です。

野菜といえども大切な命をいただくわけですから、食材はひとつも無駄にはできません。限られた予算のなかで、栄養バランスのとれる食事づくりをして、いかに無駄を出さないか。

寺では野菜をつくっていますが、それだけですべてはまかなえないので、典座は市場に出かけていって、食材の調達もします。多く買いすぎてもいけないし、足りなくても困りますから、最初のころは買い出しの量の見当をつけるのが難しい。さーっとひと回りして、そこでパッとその日の献立を考えます。

たとえば、ご供養にといただいた湯葉が寺にひと箱あるとします。家庭なら何日も食べられる量なんですが、二十人もいる僧堂では、それだけでひと品とするには足りない。さて、そんなときはどうするか。たとえば、出盛りの白菜を買って一緒に炊くとか、あるものをどう生かすかを考えるわけです。それには食材同士の相性のよさも知っておくことが必要です。

また、禅寺の食事は朝と昼だけということになっていますが、それでは若い雲水たちは体がもちませんから、「薬」としてという大義名分をつけて夕食のことを「薬石《やくせき》」と言い、昼の残り物などをいただきます。ですから、いかに昼の余りをうまいこと確保して、夕食をつくるか、というのも腕の見せどころになります。

典座の仕事というのは、大変ではあるけれど、実は基本的なことばかりの組み合わせです。ふつうの家庭でもそのまま通用するやりくりの智慧の宝庫ともいえますね。

典座の「やりくりの智慧」はどんな世界にでも通用する

九

陰徳を行ずる

重責を遂行する

典座は「陰徳《いんとく》を行ずる」仕事といわれます。重んじられ、尊崇を集める役職でありながら、真夜中に人知れず、庫裡《くり》（台所）で翌日の準備に没頭していたりもします。

陰徳というのは、与えられた仕事はもちろん、人が嫌がるような仕事も選り好むことなく、けっして目立たず、見返りを求めることなく、成すべきことを成すことです。禅においては、他者の修行成就のため、労をいとわずに全力で奉仕することでもあります。

ですが、それは典座に限らず、すべての常住のお役目にいえることなのです。あえて典座は陰徳を積む仕事というには、もうひとつ深い意味がある気がします。つまり、典座というのは、考えようによっては一番横着ができる立場でもあるわけですね。自分で調理をしているので、人よりもたくさん、出来のいいおいしいところを、こっそり先に食べてしまおう、そう思ったら、それができてしまう。

人間だれだって、欲はあります。欲のない人間なんていない。その欲を抑え、己を律し、自分と他とを等しくとらえて、偏りなく振る舞うことができるかどうか、です。

しようと思ってもできないほうが、ラクなんですね。しようと思えばできてしまうズルをしないことは、実はとても難しいことなのです。強さが試されます。

単に、人が寝静まったあとに明日の準備をしているからエライ、ということではなくて、むしろ己を甘やかさない心の強さに、おのずと尊崇が集まる。それが典座の「陰徳を行ずる」ということの真実のような気がします。

誘惑のなかで己を律する典座は人間を強く鍛えてくれる大事な仕事

十

段取り力

頭と体のフル稼働

ひと昔前のお寺では、大きな行事などで檀家《だんか》さんが集まる際には食事を差し上げる習わしがありました。もちろん肉や魚は使わない、精進料理です。こうした際に料理を作るのも、寺の小僧の役目。

寺で一番大きな行事といえば、開山忌です。開山忌というのは、お寺の開祖の命日の法要で、私が小僧をしていた九州・大分の岳林寺《がくりんじ》でいえば明極楚俊《みんきそしゅん》禅師のご命日ということになります。ほかにお盆のお施餓鬼《せがき》とか、お礼参りというのもあります。

お施餓鬼は、餓鬼道に堕ちて飢えに苦しむ人たちに食を施して功徳《くどく》を集め、その功徳をさらにご先祖さまに手向《たむ》ける、平たくいえば、ご先祖様へのご供養のひとつ。

お礼参りというのは、近頃ではなさらないところも多くなっているようですが、葬儀がすんだあとで日を改めて遺族の方々がお寺にお参りするわけです。岳林寺では、開山忌やお施餓鬼のときには、それこそ二百人、三百人という檀家さんが集ります。そのみなさんに食事をお出しするのですから、これは大変なことです。

大人数の料理を一度につくるのは、料理の技量はもちろんのことながら、段取り力が重要になってきます。食材を調達し、限られた時間で調理から配膳からなんでもしなくてはなりませんから、ぐずぐずしているわけにはいかないのです。子どものころからそうして鍛えられると、おのずと食材の善し悪しだってわかるようになります。もう、お手の物です。ですから、料理屋に行っても、出てきた料理を見るとたいがいの原価がわかってしまう。なんでも経験、ですね。

手と体と頭をフル回転させる
山積みの課題も、段取り力を鍛えれば
恐れる必要なし

十一　必要にして最低限

調理道具の基本

世界的にみても、日本料理ほどさまざまな調理器具を使い分ける料理はないと聞きます。ヨーロッパにしてもアジアにしても、鍋ひとつ、フライパンひとつで、いろんな料理をつくります。

食器も同じで、料理に合わせて、季節に合わせて、いろいろな形や種類、柄付があり、こういうのをそろえだしたら、もうキリがありません。

中途半端に家であれこれそろえるくいなら、徹底的にこだわってそろえるか、逆にそういうのは料理屋さんなどに行って楽しむか、スパッと割り切って、どちらかを選ぶと決めたら、気持ちもラクになるし、家もかたづくのではないでしょうか。なんでも欲しがるのは、結局、なんにも持っていないのと同じことなんです。

毎日使う食器が重ねたお椀五つという禅では、庫裡の調理道具も、必要最低限のものだけです。基本は、庖丁一本、まな板一枚、釜、鉄鍋が二つか三つ。さらに、すり鉢とすりこ木、竹の盆ざる、杓文字。これだけあれば、ほとんどの調理がまかなえます。庖丁は禅寺では肉や魚を切ることはないので、菜切り庖丁のみ。鍋は、ごはんを炊く鍋、汁をつくる鍋、おかずをつくる鍋。まな板の材は、ぶ厚い銀杏《いちょう》と決まっています。銀杏は、柔らかいので、庖丁の刃が傷みにくいんですね。使いこんで減ってきたら、全体に削りをかければ新品みたいに甦《よみがえ》ってきます。

数は少ないけれど、その分、ひとつひとつの値段はけっこうするものばかりです。質が確かなものは、長く使い続けることができる。使い続けることで、使いやすい道具になっていく。

いまはフライパンといえば、こびりつきしない加工を施したものが主流になっているようですが、すぐに加工がダメになると聞きます。あつかいは手軽で手間もかからないかもしれませんが、味の深みもそれに比例しているような気がいたします。

昔ながらの調理器具は、多少手入れが面倒に思えても、かならずそれに見合った結果がついてきます。形とか、熱の伝わり方とか、すべてに道理がある。また、少しぐらい高いなと思っても、ずっと長く使い続けられることを思えば、結果的にコストパフォーマンスがいい。

たとえば、庖丁一本、まな板ひとつ、あるいは鉄のフライパン。ひとつだけでいいので、とことんほんものにこだわって、きちんと手入れの仕方を身につけて、使い続けてみてください。毎日使う道具についての考え方が、きっと変わると思います。

なんでも欲しがるのは、
なんにも持ってないのと同じこと

十二

調理道具

常に、次にすぐ使えるように調える

相手を知ることは、人に限らず、何事にも重要です。知ることで、その相手とのもっとも適切な付き合い方を見つけ出し、いい関係を築くことができるからです。

調理器具の鍋ひとつとってみても、鉄と銅、ステンレスやアルミ、それぞれに熱の伝わり方は異なりますし、それを知って料理をするのと知らずにするのとでは、たとえ見た目は同じようにできても、味がまったく違ってきます。

鉄は錆びます。使ったあとでそのまま放っておいたら、どんなにいい鍋も庖丁も、すぐ赤錆が出てきます。使い終えたらすぐによく洗って、水気を拭う。鉄鍋は、さらに火にかけて水気を飛ばしておけば万全です。けれど、なによりの手入れは、毎日、毎食、使い続けること。錆が出る間《ま》を与えないくらい、いつも使っていることです。

庖丁は、常によく切れるよう、研ぎ方をマスターして、いつでも研げるようにしておきたいもの。切れない庖丁を使っていると、素材の切り口がギザギザな状態になって、仕上がりの味が変ってきます。刃が当たるまな板も、傷みやすくなり、そこに雑菌のつけ入るスキを作ってしまうことにもなりかねません。切れが悪くなるたびにいちいち研ぎに出していたのでは費用もかさみますし、研ぎに出している間は、替わりの別の庖丁が必要になります。

研ぎ方は、コツさえつかめばそれほど難しいものではありません。ことさらプロに習わなくても、インターネットで「庖丁の研ぎ方」と入力して検索をすれば、いくらでも出てきます。私自身はパソコンをいたしませんので、試しにやってみてもらったら、ずらーっと、ぎょうさん出てきました。ネットの情報精度は玉石混淆でむやみに信用するのは危険ですが、庖丁や刃物を専門にあつかっている名のある店のホームページなら、まずは安心でしょう。細かいコツは、そうしたところで確認していただくとして、書かれている手順どおりにまずはやってみてください。大事なのは、結果が納得いくものかどうかを確かめて、納得できない部分があれば、どうしたらそれを克服できるのか、刃を当てるちょっとした角度や回数など、自分自身で考えて、工夫することです。それには、どういう作業をするとどういう結果になるか、よくよく刃を観察して、経験で覚えていくしかありません。

ちなみに、これはあまり書かれていないことですが、研いだ庖丁はすぐに使わないことです。研いだばかりの刃は金属独得の臭いが出るので、ひと晩、休ませてから使うといいといわれています。ということは、庖丁を研ぐ必要があるときは、夜の台所仕事の最後に、ということを習慣にしておけば、翌朝はいつもどおり、気持ちよく朝食の支度に取りかかることができます。

よく、「私、料理は好きで、よくするんですが、洗いものとか、あとかたづけは苦手で」とおっしゃる方がいますが、私に言わせれば、そんなのは料理が好きでも上手でもない。料理というのは、つくったらそこで終わり、ではなく、あとかたづけや調理道具の日々の手入れも含めて、はじめて料理なのです。こうしたことはけっして「雑用」ではありません。

炊事や家事はクリエイティブな仕事ではないと思われがちでした。けれど、それは大きな思い違いです。自分や家族が心地よく過ごせる毎日をつくり上げる、これほどクリエイティブな仕事があるでしょうか。

看脚下、という言葉が禅にはあります。己の足元を見よ。「青い鳥」のチルチルとミチルもしかりです。自分の足元が見えていない人間は、いつまでたっても、一人前の大人にはなれないのです。

台所の調理道具を常にピカピカに維持する
それが看脚下――自分を見直す力につながる

参

食事の作法

いただいた生命《いのち》を、
からだにみなぎらせる

一　器のあつかい

ひとりひとりが自分の食器を管理する

禅堂、浴室と並んで「三黙堂《さんもくどう》」のひとつである食堂《じきどう》では、食事の間も終始無言です。言葉を発しないばかりか、器や箸をあつかうときにカチャカチャと音を立ててもダメですし、汁を吸ったり沢庵を噛んだりする音さえ許されません。すべての動作は柝《たく》の音を合図に、決められたとおりの所作にのっとって行われます。

同じ食に関わるお役目でも、庫裡《くり》の万事を司る炊事役は典座《てんぞ》、食堂での給仕役は飯台看《はんだいかん》、仕事の場と内容はきっちり分担されています。

一列に並んで食堂に入り、常のとおりに自席についた雲水たちは、もってきた持鉢《じはつ》の包みを解いて、給仕をしてもらう準備を調えます。飯台看は、飯器（ごはん）、汁器（汁）、菜器（漬物）などを順にもち出して、雲水ひとりひとりの器に給仕をして回ります。

持鉢は五つ重なっていますが、五つ全部並べることはまれで、ふだんはほとんど三つまで。器ごとに盛りつけるものが決まっていて、一番外側の大きいのが飯椀で向かって左側に置き、朝はここにお粥を入れます。二番目が味噌汁で、飯椀の右に。三番目が沢庵やお

持鉢一式

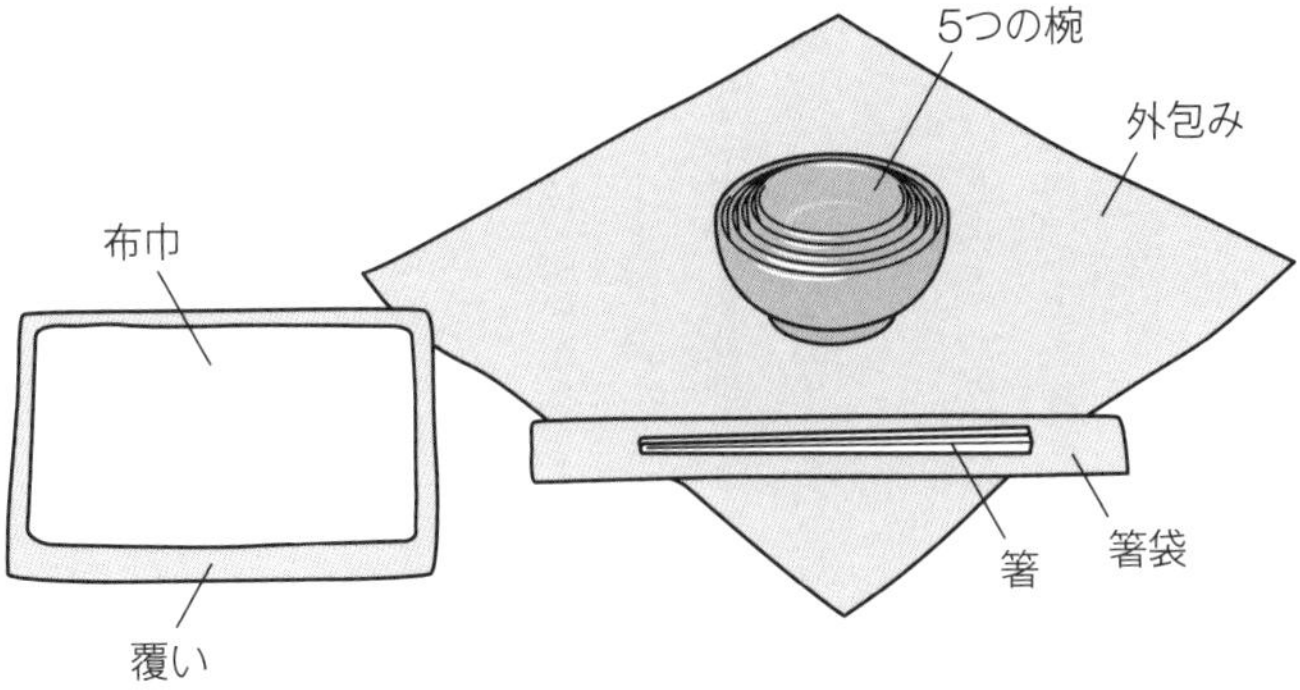

並べ方

箸先は台の外に出るようにする。
外包み、布巾、覆い、箸袋は、脇へ置く

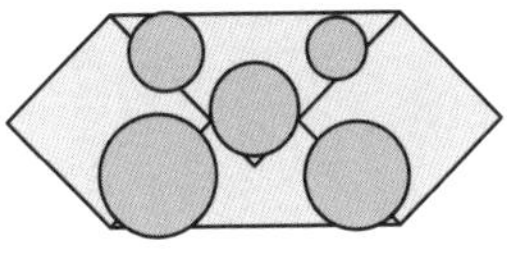

飯台がなく畳にじか置きする
場合は、外包みの上下の角
を折った上に並べる

かずで、真ん中の少し先のほうに置きます。四つめ、五つめを使うときには、さらに先の左右に置きますが、使わない場合は、右の脇に置いておきます。

現代では、一汁一菜というと、飯、汁、おかず一品といわれていますが、禅寺の食事は漬物を一菜として数えます。ですから、飯、汁、漬物で、一汁一菜の食事、ということになります。

僧堂での箸のあつかいは少々独特で、図のように先を自分の側に向けて斜めに置きます。

食べる際は、器を必ず両手でとって左手に預け、右手で箸を取り上げます。器を置く時はこの逆で、まず箸を置いてから両手で器を下ろします。器を片手で取り上げたり、戻したりすることはありませんし、まして置いたままで料理に箸をつけるなんてことは、絶対にしない。大切な食事をいただく大切な器だと思えば、おのずとあつかいも丁寧になるのです。

ちなみに箸のあつかいでは、茶道の懐石の場合、折敷《おしき》の上の手前左に飯椀、右に汁椀、奥の真ん中に料理を入れた向附《むこうづけ》という皿。この三つが三角形の配置になっていて、箸は飯椀と汁椀の手前に横一文字に置きます。

食中は、表千家では箸の手元を一寸ほど右の縁にかけて箸先を折敷の内側に落としておきます。裏千家では逆に、箸先を折敷の左側の縁にかける。この違いはなにかといいます

箸と椀のあつかい方

器は必ず両手でとって
左手に預ける

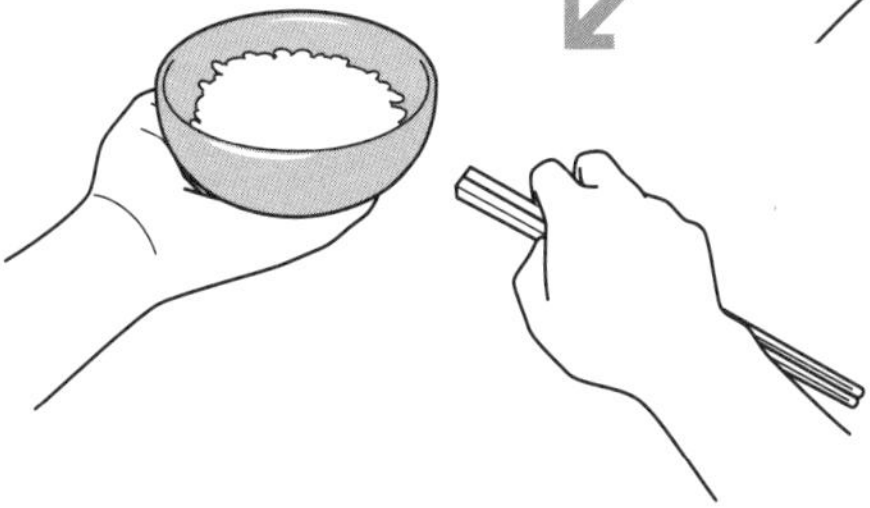

左手に器を預けたまま、
右手で箸を取り上げる

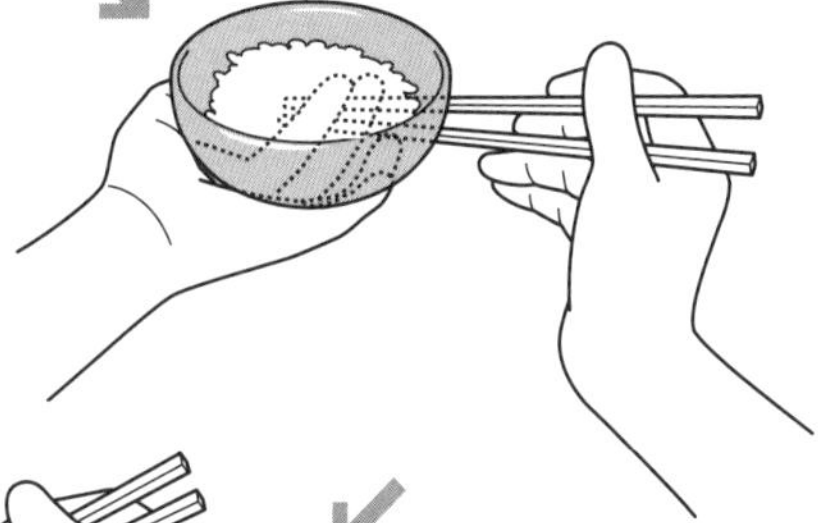

左手の中指で箸先をはさんで、
箸をもち替える

いただく。器を置くときは、
箸を置いてから
器を両手で下ろす

と、何をもっとも大切なことと考えるかの違いなんですね。表は汚れた箸先を人に向けないことを、裏は汚れた箸先で折敷を汚さないことを、それぞれに大事だと考えるわけです。その両方を兼ね備えているのが、禅の箸のあつかいといえます。
箸をつける順番は、最初はごはんからです。米は、弥生時代以前からずっと受け継がれ日本人のいのちを支えてきた主食です。瑞穂の国の人間として、もっとも敬意をはらっていただくべきもの。ですから、ひと口めは必ずごはんと決まっているのです。

黙って最初にごはんをひと口、
噛み締めてみる
お米への感謝の念が自然に起こります

二

持鉢

簡素な究極の機能美

お寺や本格的な精進料理のお店で食事をすると、料理を盛り付けた数個の器が縁に立ち上がりのついた四角いお盆に並んで出てきます。お盆は折敷と呼ばれるもので、足つきの場合もあり、折敷も器も寺はだいたい、朱漆をかけた根来塗《ねごろぬり》です。

料理の数は五品が基本になります。手前の左が飯椀、右が汁椀。真ん中がお平《ひら》で、奥の左右はどちらも木皿《きざら》と呼ばれるもの。お平には、ガンモドキや焼き豆腐、大根といった、ちょっとボリュームがあって汁気のある炊きものを、両木皿にはあまり汁気のない煮物や和え物などを盛りつけます。煮物は、ふつうは里芋や万願寺とうがらしを炊いたものなど三種を、ちょっと力を入れるときには五種盛りにすることもあります。

こうした朱の器は基本的には客膳として用い、私たち禅僧や雲水の日常の食器は、黒漆塗の五つ重ねの椀を用います。同じ禅宗でも形や大きさやあつかいの作法は少しずつ異なって、呼び名も臨済宗では持鉢《じはつ》、黄檗宗《おうばくしゅう》では自鉢《じはつ》、曹洞宗《そうとうしゅう》では応量器《おうりょうき》と言います。

いずれにしても、大きさの順に重ねていくと、一番大きい椀のなかに五つがちょうどぴったりと納まるようにつくられています。茶道の懐石で用いる飯椀と汁椀は、この禅の持鉢をもとにつくられていて、飯椀、汁椀、飯椀の蓋、汁椀の蓋と重ねていくと、同じようにすべて飯椀の中に納まる設計になっています。現代でいうところのスタッキング（積み重ね）が、禅には古くからちゃんと取り入れられていたのです。

家の収納が足りないという悩みをおもちの方は多いようで、テレビでも雑誌でも、たびたび収納の工夫が特集として取り上げられていますね。なかでも食器の収納に困るという意見が多いらしい。けれどどうです、極めれば手のひらに載るほどの椀と箸のセットでことは足りるのです。おそらく収納に困っている食器のほとんどは、何年も出番がないままのものなのではないでしょうか。日々の食事には、機能的でシンプルな器が、数少なくあれば十分なのです。

最低限の五つの椀
これですべてこと足ります

三 食事五観文

感謝と自省

「精進料理」といえば、肉や魚など動物性の食材を使わずに、野菜や海草など食物性の食材でつくる料理のことをさします。単純に考えると「菜食主義の料理」のように思われがちですが、精進と菜食主義とには大きな違いがあります。

いわゆるベジタリアンといわれる菜食主義が、己の心身のバランスを整え健康を目的とするのに対して、仏教の教えを踏まえた精進では、食事は生命《いのち》について考える大切な機会としてとらえているのです。人間は自分たちが生きていくために、ほかの生き物のいのちを犠牲にしなければ生きていけない宿命を背負っています。ならば、せめてその犠牲を最小限にとどめよう。そういう考えのもとにつくられ、食されるのが精進料理なのです。

僧堂では、食事の前には必ず般若心経を誦《ず》し、五観の偈《げ》ともいわれる「食事五観文《しょくじごかんもん》」を唱えます。食事五観文とは、中国唐代の僧・道宣《どうせん》（五九六〜六六七）が戒律の行事を解説した書『四分律行事鈔《しぶりつぎょうじしょう》』で僧侶の食事作法について記したものを、北宋の書家であり詩人でもあった黄庭堅《こうていけん》（一〇四五〜一一〇五）がわかりやすく要約したものです。日本では、道元禅師が食事の心得を書き著した『赴粥飯法《ふしゅくはんぽう》』の中で引用したことから広く知られるようになりました。

食事五観文の原文とその読み下し、ごく簡単な訳は以下のようになります。

一　計功多少　量彼来処
一つには、功の多少を計り彼《か》の来処《らいしょ》を量《はか》る
（この食事が食膳に供されるまでのあらゆる労苦に感謝します）

二　忖己徳行　全缺應供
二つには、己が徳行の全闕《けつ》を忖《はか》って供《く》に応ず。

（自分の行いがこの食をいただくに価するものであるかどうかを顧みます）

三　防心離過　貪等為宗
三つには、心を防ぎ、過貪等《とがとんとう》を離るるを宗《しゅう》とす。

（心を正しく保ち、あやまった行いをしないよう、むさぼり、怒り、愚かさの三毒をもたないことを誓います）

四　正事良薬　為療形枯

四つには、正に良薬を事とするは形枯《ぎようこ》を療ぜんが為なり。

（食とは良薬と心得、身体をやしない、正しい健康を得るためにいただきます）

五　為成道業　因受此食

五つには、道業を成ぜんがため将《まさ》にこの食を受くべし

（さとりの道を成し遂げるために、この食事をいただきます）

これからいただく食事に関わったすべての人やものに感謝をし、自分がそれをいただくに価するかどうかを反省し、過食をせず、心身を健やかに保つ薬として食事をし、修行に励む。日々の食事をとおして、そういう心がけを常に忘れないようにしましょう、ということです。

自分がこの食事をいただくのにふさわしいか
そんなことを考えたことがありますか

四 生飯

いのちの循環のために

禅の食事には、「生飯《さば》」という作法があります。自分の飯椀のなかから、飯粒を七粒ほどつまんで飯台に出しておく、というものです。

ただでさえ質素な食事のなかから、なぜわざわざそんなことをするのでしょうか。『大《だい》般涅槃経《はつねはんぎょう》』には、お釈迦様が修行中に衰弱しきった鬼神に出会った際のこんなエピソードが記されています。

どうしてそんなに衰弱しているのかとお釈迦さまが鬼神にたずねたところ、鬼神は、生き物を殺生してはならないという仏教の教えを自分も守ってみようとしたら、このように餓死寸前のありさまになってしまった、と答えたというのです。鬼神の心がけに感心し、気の毒に思ったお釈迦様は、これからは弟子たちから少しずつ食べ物を分け与えてもらうようにすることを鬼神に約束をしました。

以来、お釈迦様の弟子である人は、鬼神たちのために自分たちの食事から生飯を差し出す習わしをずっと受け継いできている、ということです。

つまり生飯は、独り占めや自分だけ満足できればいいという我欲を戒め、他と分かち合うことの大切さを忘れないようにするための作法なのですね。

むさぼる心を戒めることで、過食を防ぐ。現代人の食事は過剰だし、不規則きわまりありません。そういう食の歪みを修正することが心身の健康を保つ一番いい方法です。

出された生飯は、給仕役の供給がぐるりと回って全員の分を集めて、鳥や池の魚などお寺の周囲の小さな生き物たちの餌として施します。自然からいただいたものを、また自然へとかえしていく。仏教の智慧ですね。

差し出す七粒の米は、むさぼる心の戒め
お釈迦様が説いた慈悲の心の象徴です

五

食器のかたづけ

即今――その場で自分でやる

自分のことは自分でする、というのが禅の修行の基本です。さすがに料理は、雲水たちひとりひとりが自分の分をつくるというわけにはいきませんから、典座さんがまとめてしてくれますが、食事の準備や後かたづけは各自で行います。

持鉢は自分専用の食器ですから、これも各自の管理です。食事のたびにもち出して、食事を終えたらもち帰ります。

食後の持鉢のかたづけは、禅宗でも宗派によってやり方に違いはありますが、食べ終えたその場で、自席に座したまま行うという点では同じです。

供給がお茶をもって回ってきたら、一番大きな飯椀に注いでもらい、次頁の図のように椀を回しながら、大きいものから順に洗い浄めて、最後に箸も洗います。器は布巾で拭いて、一番小さいものから順に左の手のひらの上に伏せるようにしていって五つを重ねます。最初に並べるときも同じようにして五つ重ねた状態で左の手のひらに伏せて、一番外側の大きいものから返して並べていきます。

箸、椀のしまい方

一番大きな飯椀に
注いだお茶を使って、
器を回しながら洗う

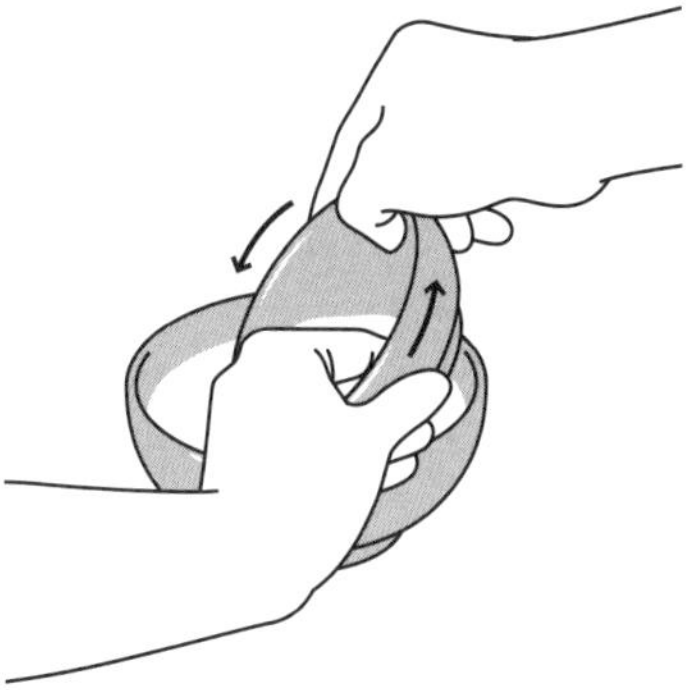

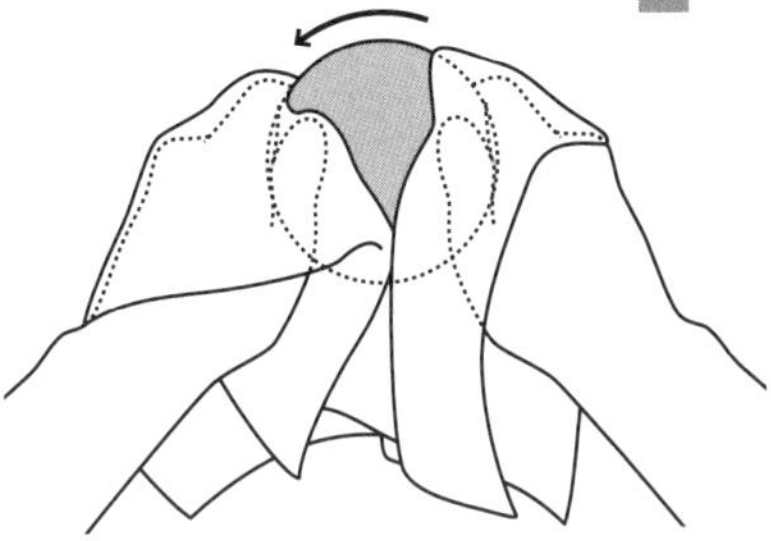

洗った器を布巾で
つつむようにもち、回して拭く。
汁椀から順に、
ひとつずつ洗って拭いていく

最後に飯椀に残った
お茶を飲み、布巾で拭く。
お茶は多すぎたら
折水器にあけてよい。
小さい椀から順に
右手の上に伏せて重ねる

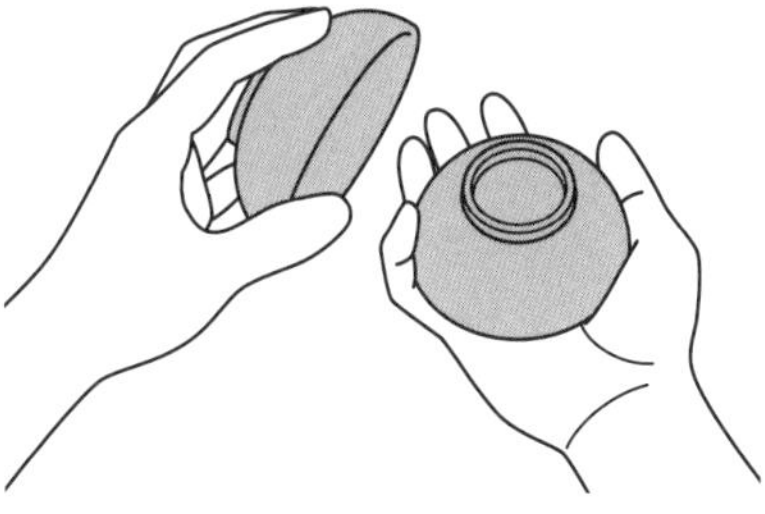

大きい椀のなかにすべての碗を重ね収めたら、図のように、菱形に置いた外包みの布の中央に載せます。四つの角を下から、次に上から畳んで、その上に箸袋に納めた箸をまっすぐに置きます。そうして右、左と畳み、さらにその上に、覆いの布を重ねれば、これがおさえとなって、包みがバラけることはありません。

外包みの布は飯台がない場所での食事の際には、七三頁の図のように畳んでランチョンマットのように使うこともできます。ちなみに、この大小の布巾と箸袋も、私たちの寺ではおそろいのものがあるわけではなく、各自が僧堂に入る前から自坊で使っていたものを持参して使い続けます。

形を解いて、使い終えたらその場でまたもとの形に戻す。シンプルなそのルールさえ守っていれば、ものがかたづかない、散らかるといったことは起きる余地がないのです。

ところで、器を浄めた飯椀の中のお茶はどこへ行くか。もちろん、無駄にはいたしません。飲んで、胃の中に収めます。

広げた器をもとのとおりの形に戻して収める
これこそ「かたづけ」です

持鉢のおさめ方

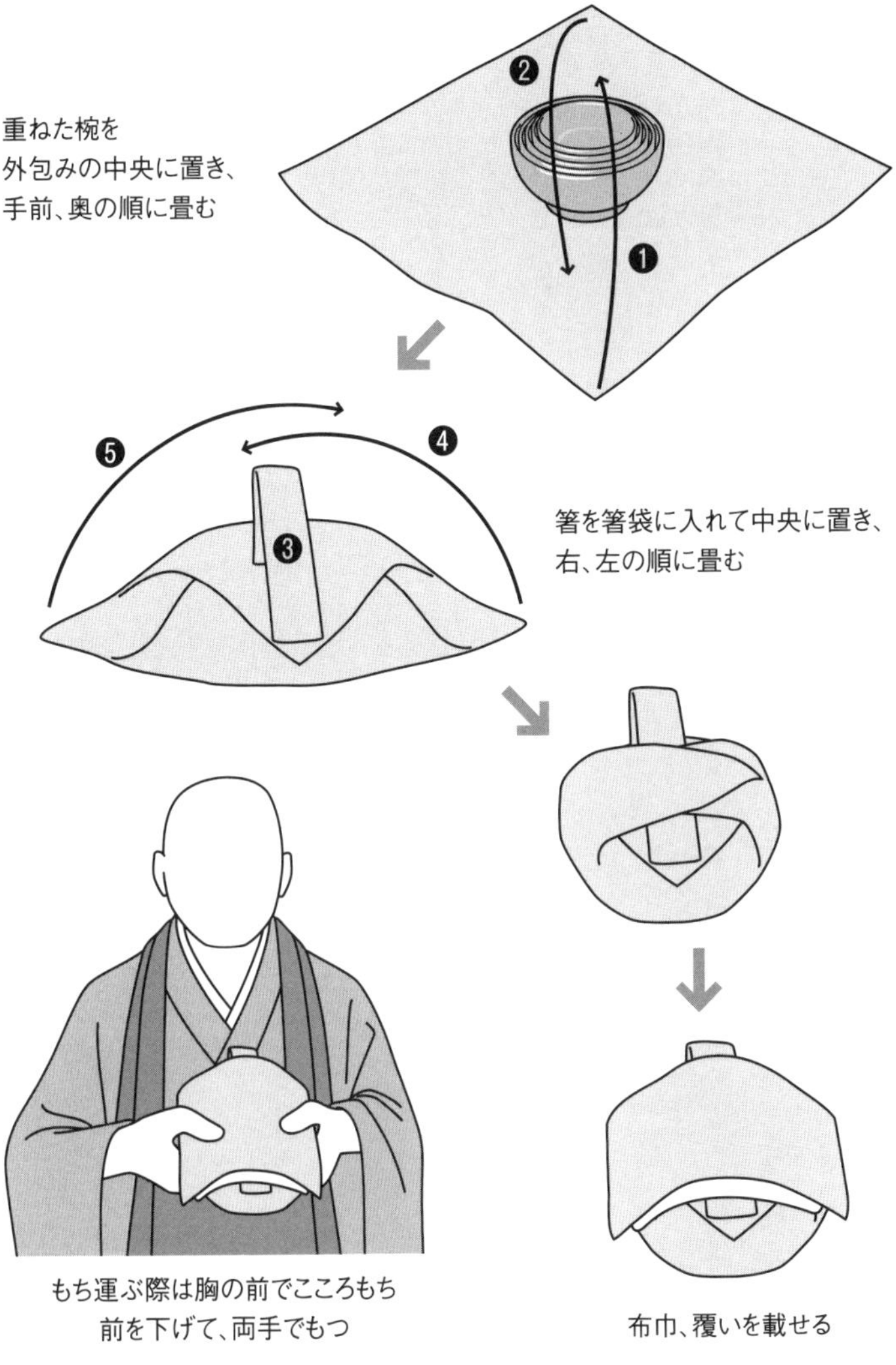
重ねた椀を
外包みの中央に置き、
手前、奥の順に畳む
❶
❷
❸
❹
❺
箸を箸袋に入れて中央に置き、
右、左の順に畳む
もち運ぶ際は胸の前でこころもち
前を下げて、両手でもつ
布巾、覆いを載せる

六

衣鉢を継ぐ

師の教えを受け継ぐ

私が使っている持鉢は、九州時代の師匠から譲られたもので、もう五十年以上も使い続けています。師匠もまたその師から受け継いだものですから、おそらくこの持鉢は百年近くたっているのではないでしょうか。漆を塗った器というのはとても丈夫で、使いこむほどにツヤが増してきて、丁寧に使えば相当長もちします。それでも、毎日、毎食、使っているので、ところどころ傷みも出てきていますが、まだまだ十分使えます。

先人の教えを受け継ぐことを「衣鉢《いはつ》を継ぐ」と言います。この言葉のルーツは仏教にありまして、弟子が師匠からの教えを受け継いで奥義をきわめること、後継者として認められたことを意味します。

かつてお釈迦さまの時代には、僧侶が私物としてもつことを許されたのは衣と托鉢の鉢のみでした。それが全財産です。ですから衣と鉢を受け継ぐということは、その人の全部を受け継ぐことになるんですね。

日本の禅宗では、托鉢には鉢を使わず、布でつくった看板袋が鉢の代わりです。なので、衣鉢の「鉢」は食事に用いる五つ重ねの持鉢のこととらえます。身にまとうものと食事をいただく器は、人が生きていくのにどうやっても欠かすことのできないもの。ですから衣鉢は、最後の最後まで残る、もっとも大切なもの、仏法の真理の象徴なのです。

譲り受けたものを大切に使い続けることで、
志や人柄を学び続ける

七 米搗きの日々で大悟に至る

慧能禅師①

作務《さむ》こそ念仏にまさる修行ということで、ここで「衣鉢を継ぐ」のもととなった慧能禅《えのうぜん》師《じ》のお話をしておきましょうか。エピソードをとおして、禅というものがどういうものなのかを少しつかんでいただけるのではないかと思います。

中国臨済宗の六祖・慧能禅師のエピソードのなかに、衣鉢についての記述が出てきます。

慧能という人は、中国南部、現在の広東省の生まれです。三歳で父を失った家の暮らしは貧しく、小さいころから薪や野菜を売り歩いてお母さんを助けて働いてきました。学問とは無縁で文字も読めなかったといいます。

ある日、物売りの途中で聞こえてきたお経の「応無所在而生其心（応《まさ》に住する所無くしてしかも其の心を生ずべし）」という一節が耳に入ってきた。これは金剛経の十段目の「一切は空であって、永遠に存在するものなどない。心は実態がなく、現れた現象に対して働くだけのものにすぎない」という部分で、強烈に心に残ったので、お坊さんに思い切ってたずねると、それは金剛経というお経で、五祖大師から学んだと教えられ、いてもたってもいられずにはるばる五祖をお訪ねして、仏になるための修行をしたいとお願いするのですね。

当時、南部の地域は新興の地で、まだまだ田舎でした。五祖弘忍《ぐにん》大師から、そんな田舎の出身者が仏になれると思うかと問われた慧能は、「人は南北あろうとも法に南も北もないはず」と答えるんですね。ちょっとできすぎな話ですが。

すると、こいつはおもしろいと思った五祖が、慧能を寺において、米搗《つ》き小屋で働くように命じます。お寺には当時、七百人近くの雲水が修行をしていたといわれますから、毎日の米も大量です。腰に石を括《くく》り付けて重石にして、慧能は来る日も来る日も一生懸命米を搗くんです。

そうして八か月が過ぎたころ、五祖大師が自分の後継者を決めるので、われと思わん者は己の会得した境地を偈《げ》にして名乗りをあげよ、とおっしゃった。偈というのは韻を踏むスタイルで書かれた文章のことです。

そこで五祖の一番弟子の神秀《じんしゅう》という人が、「身是菩提樹　心如明鏡臺　時時勤佛拭　莫使有塵挨（身はこれ菩提樹、明鏡の台のごとし、時々に勤めて払拭せよ、塵挨をして惹かしむること莫かれ）」という偈を張り出した。わが身は菩提樹で、心は曇りのない鏡でなくてはならない、常にほこりがつかないよう心して磨いておくことが肝心だ、という意味です。周囲は皆、さすが神秀、これで後継者は彼に決まりだねと噂した。

ところが、神秀の偈を聞いた慧能が、私は違うと思う、と言ったものだから、騒然となりました。読み書きすらできないお前が、いったいどう違うのだと詰め寄られて、慧能の答えは「菩提本無樹　明鏡亦無臺　本来無一物　何處惹塵挨（菩提もとより樹なし、明鏡にもまた台なし、本来《ほんらい》無一物《むいちもつ》、いづれのところにか塵挨《じんあい》をひかん）」。磨かねばならない塵がつくような心というのが間違っている、人の本性にはそもそも塵などつかない、何もない無一物のものにどうやったら塵がつく、と反論したのですね。

人間は本来無一物なのである

八　汝の心動く

慧能禅師②

　まさか身分も低くて文字すら読み書きできない米搗き番の男が、こんな偈をつくれるとは、と周囲のだれもが驚きました。

　この報告を聞いた五祖は、にんまりとして、米搗き小屋でいつもと変わらずに黙々と米を搗いている慧能のところにやってきて、「どうや、米は搗けたかね？」と聞きます。すると慧能は「米は搗けました。けれどまだふるいにかけておりません」と答えたと言います。これは、「日々の米搗きをとおして、私なりに納得することはあった。でもまだそれが整理できていない」という意味なんですね。

　慧能の素質を認めた五祖は、彼を跡継ぎにすることを決めるのですが、このままここにいたら何百人という雲水たちの猛烈な反感を買い妨害されるだろう、命にも危険がおよぶかもしれない、と考えました。そこで慧能に、南へ下って身を隠せと命じたのです。その際に渡したのが、自分のお鉢と衣です。

　そうして慧能を逃がした後、すぐに五祖は亡くなってしまいます。すると、五祖の心配どおり、慧能を探し出して衣鉢を取り戻そうとする輩《やから》が現れて、慧明《えみょう》法師という人が南へと向かっていた慧能についに追いつくわけです。そこで「師匠の衣鉢を持っていってはならない、返せ！」と迫るんですね。衣鉢というのは象徴ですから、要は法統（禅の教えの系統）を継ぐのを返上せよ、ということです。

　すると慧能は、そばの石の上に衣鉢を置いて、これは力ずくで取るの取られたのというものではない、持っていきたいならどうぞ持っておいきなさい、と言った。慧明はその衣鉢を取り上げようとするんだけど、持ち上げられない。石のように重くて取り上げることができなかった、と言う。

　わかった、と。さすがに師匠が選んだだけのことはある、と慧明は慧能の態度に逆に納得してしまうのです。彼も懸命に修行をしてきたひとかどの修行者ですから、やはり只者ではないのですね。しかし、師匠が衣鉢を預けたくらいなのだから、悟りのための大事な教えを受けているだろう、それを教えてくれ、と聞きます。慧能は、いやなにも教わってはいません、ただ「不思善不思悪　正与麼時、那箇是明上座本来面目（不思善不思悪《ふしぜんふしあく》　正与麼《しょうよも》の時　那箇《なこ》かこれ明上座《みょうじょうざ》が本來の面目《めんもく》）」と逆に尋ねる。生まれる前からのあなたの本性というのはなんですか、と聞いたんですね。

　答えに詰まった慧明は、慧能に頭を下げ、今日から私をあなたの弟子にしてくれ、と頼みます。ところが慧能は、あなたも私もともに修行中の身、この先も修行を続けて、たがいに立派な僧侶になろうではありませんか、と言い残して去っていくんですね。

六年後、広州の光孝寺（旧法性寺）の前で住持が旗を立てて説法をしていると、聞いていた人々が二手に分かれてたなびいている旗についての論争をはじめた。一派は「旗が動いている」といい、もう一派は「風が動いている」んだと言う。風か旗か。そこにどこからともなく颯爽と現れた慧能が「風の動くにあらず、旗の動くにあらず、汝の心動く」と言ったんですね。

そこで、住持の印宗《いんそう》禅師は、ハッと気づく。もしやお前は、五祖の衣鉢を継いだあの者か？　と。さようでございます、と慧能が答えて、そこで印宗に剃髪をしてもらい、初めて出家をするのです。

これが、現代の日本の禅へとつながる、体験の禅のはじまりです。それまでのインド的な瞑想禅から体験を通してつかんでいく中国的禅へと転換したのです。

いかに人が企もうとも、
ものごとは、なるべくしてなるということ

四

振舞の作法

日本人なら体得しておきたい、
和室の作法

一

襖の開け閉め

座って行うのが基本

襖《ふすま》の開け閉めは、立ったままではなく、本来は座って行います。これはマナーの問題以前に、ちゃんと物理的な意味があるんですね。

家に襖や障子がある方はぜひ試してみていただきたいのですが、柱と襖の桟《さん》の間に手を入れて、上から三分の一ほどのところ、真ん中、下から三分の一ほど、それぞれの桟に手を当てて押し開けてみてください。いかがでしょう、開けやすさが違うのではないでしょうか。おそらく、下、真ん中、上の順にスムースに開けられたはずです。

襖の構造は、上辺が鴨居、下辺が敷居という溝と噛み合う造りになっていますから、レールの上をスライドさせる引き戸などと比べると、滑りにくいのです。木造建築は木という部材の性質上、経年によって生じる多少の歪みも影響します。また、襖自身の重さは上から下へとかかりますから、軽い上のほうを持って動かそうとすると、下まで力が伝わりにくく、桟の上下に働く力にムラができるためガタピシと動かしづらくなるのです。障子にも同じことがいえます。

襖の構造

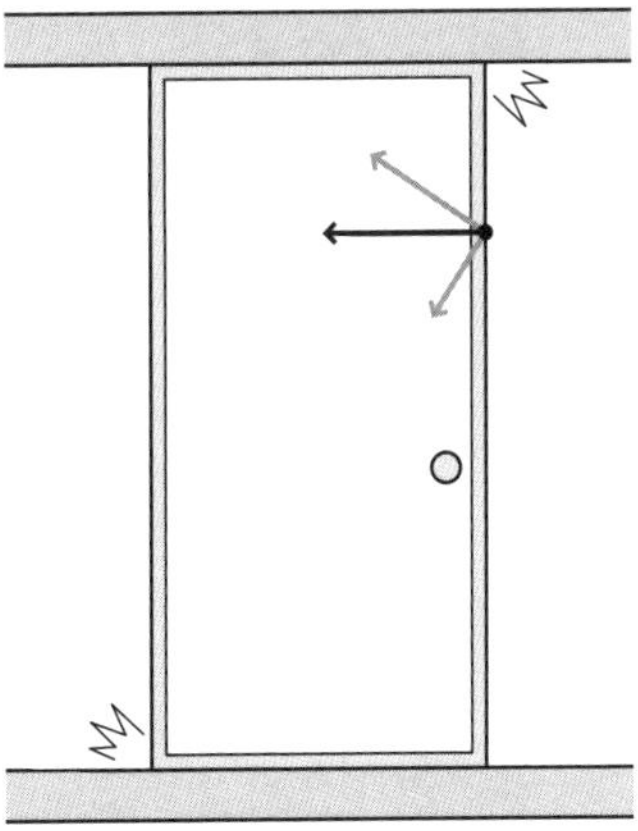

上の方に力を加えると、
力が分散してしまい、
スムースに動かせない

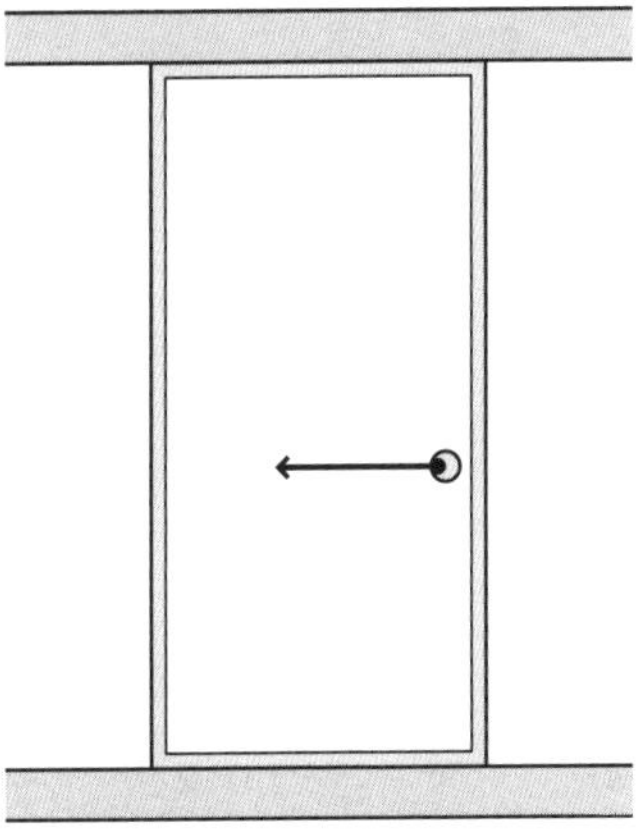

下の方に力を加えると、
無理なくすんなりと
開け閉めできる

ですから、襖の引手《ひきて》、（手がかりの金具）が埋めてある部分は、必ず半分よりも下のところについているのです。この高さから下をもって開け閉めするとラクですよ、という印でもあるわけです。

では、実際に開けてみましょう。ひと手でズーッと全部開けようとすると、けっこう力がいりますし、逆に力を入れすぎると勢いが余ってバーンッと柱に当たってしまったりと、加減が難しいものです。最初に引手に手をかけて三分の二ぐらいまで開け、残りは下から一尺（約三十センチ）のあたりに手のひらを添えて開けるというふうに、ふた手に分けてすれば、余計な力は必要ありませんし、見た目もきれいです。

日本家屋の「構造」を理解すれば作法はおのずと身につきます

二 座布団の作法

踏んではいけません

目上の方をお訪ねした先で、和室にとおされ、「ただいま参りますので、お座りになって少々お待ちください」と言われて部屋で待つことになりました。そこには座卓があり、座卓を囲んで座布団が置かれています。さて、あなたはどうやって待ちますか？

下座寄りの座布団の脇に座って待つ、が正解です。

座布団に座るのは、お相手が現れて、挨拶がすみ、「どうぞ座布団をお当てください」と言われてからです。座布団に座るということは、くつろぐことを意味します。挨拶もしないうちからゆるっとくつろいでいるというのは、実に失礼なことです。

次に座布団の座り方です。座布団の上に立って足で踏んでから座るなんていうのは論外ですが、踏みこそしないものの脇からじかに座布団に膝をついて座るというのも、正しい座り方とは言えません。和室での挨拶は座ってするものですから、その動きの流れからすれば、座った姿勢から座布団に座ることになるわけです。

まず座布団の脇や後ろにいったん正座で座ってから、座布団の上に移動します。このと

座布団の作法

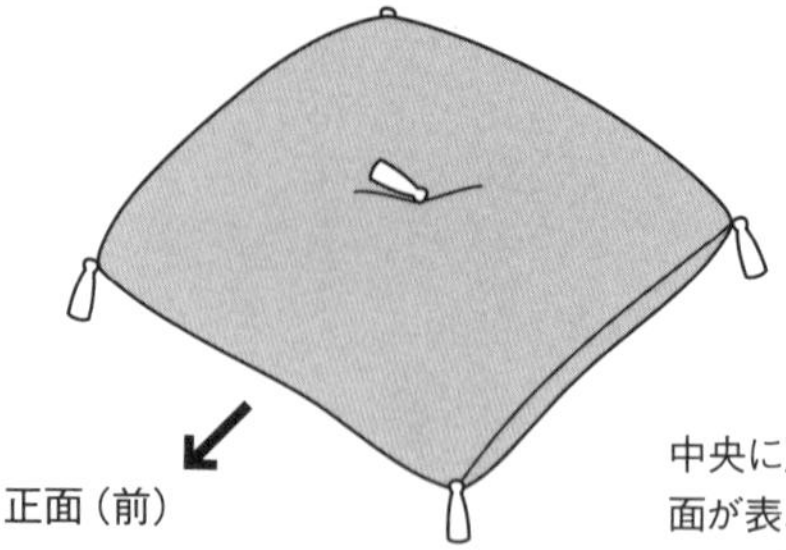

中央に房がついている
面が表、縫い目や
ファスナーのない、輪に
なっている辺が正面（前）

まず下座側に正座する

足首を立てた
跪《きざ》座の姿勢になり、
座布団側の膝を浮かせる

体の向きを変えて膝を
座布団の上に乗せる

膝を交互に少しずつ
動かして中央に進む

中央で正面に向き
なおって座りなおす

きは、「膝行《しっこう》」といって、膝で進みます。

ところで、座布団にも表と裏、さらには向きがあるのをご存じでしょうか。座布団は中央の部分に糸を縫いつけた房があるのですが、この房があるほうが表。ですが最近は両面に房がついていることもあるので、そういうときは、脇の縫い目を見ればわかります。座布団は、幅に対してほぼ倍の長さの長方形の布を半分に折って縫い上げていますから、この縫ってある部分の側生地《がわきじ》が覆いかぶさる形になるほうが表です。

後から来た人に座布団を譲る際に、裏返してお勧めするといった場面を見かけますが、もともとの表裏があるわけですから、裏返すのではなく表面をサッとなでてお譲りするほうがスマートです。軽く表面を掃うことで、座布団をリフレッシュさせた、あるいは、ちょっと浄《きよ》めた、ということになります。

また、向きについては、縫い目のない輪になっている部分が正面になります。輪を前にすることで、たくさんの座布団を並べるような場合も、すっきりときれいにそろえることができるのですね。というのも、実は、正式な座布団というのは、縦と横のサイズが、微妙に違うのです。前になる輪のほうが少しだけ短くなっています。こういったことを覚えていると、和室で気後れすることがなくなりますよ。

出された座布団を丁寧にあつかうことで
もてなしへの感謝の表現になります

三

上座、下座の作法

床の間を基準に考える

畳の部屋のない家が増えている現代ですから、床《とこ》の間がある家というのは、本当に少なくなりましたね。だからこそ、床の間についての基本的なことを知っておくことで、いざというときに戸惑わないですみます。たとえば、よその家にうかがったとき、ちょっといい料理屋さん、そういう場所で和室にとおされた際に、どこに座るべきかを考えるのに目安となるのが床の間だからです。

そもそも床の間というのは、どういう場所なのか。床の間研究における第一人者をもってしても「いまだ定まらず」とされるくらい諸説ありますが、「特別な場所」であることは間違いありません。

京都の慈照寺《じしようじ》（銀閣寺）には、室町幕府八代将軍・足利義政公が文明一八年（一四八六）にお建てになった「東求堂《とうぐどう》」という国宝の建物があります。建物の北側には義政公の書斎「同仁斎《どうじんさい》」が、南側には義政公のご持仏である阿弥陀如来を祀《まつ》った持仏堂があります。

上座、下座の基本

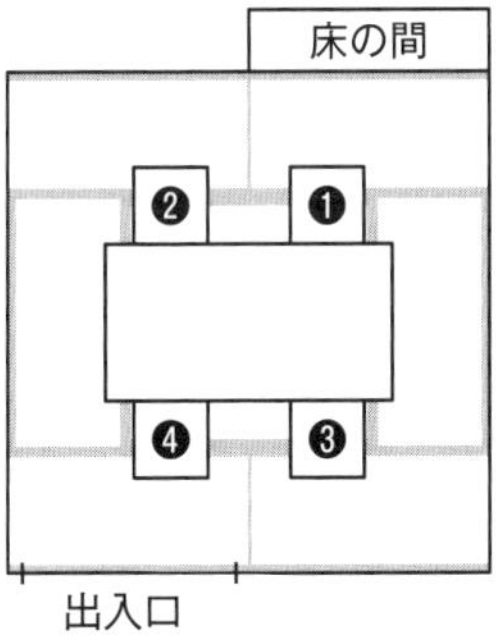

出入り口から遠く、
床の間に近い位置が上座。
その反対が下座となるのが基本

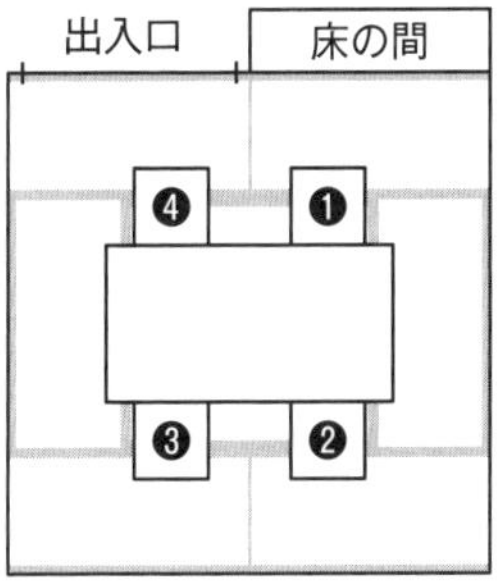

出入り口と床の間が
同じ側にある場合は、
床の間に近い側を上座と考える。
ただし、しつらえや窓の有無、
茶室なら炉の位置などによって
さまざまである

「同仁斎」は現存する最古の四畳半で、初期の書院造《しょいんづくり》の姿をとどめる数少ない遺構《いこう》です。東側に違《ちが》い棚《だな》と付書院《つけしょいん》があって、これが現代につながる床の間のルーツのひとつとなっています。付書院はつくりつけの文机《ふづくえ》で、実用の机として使うと同時に、義政公ご所蔵の硯《すずり》や水滴など唐物《からもの》の文房具なども飾られました。違い棚にも同じようにさまざまな美術工芸品が飾られたのです。そうして、美術工芸品を拝見する場所としての床の間が出来上がっていきました。

つまり、床の間そのものが大切な場所なのではなく、そこに大切なものを飾る場所だから特別であり、敬意を払うべき場所とされるわけです。ですからここには日常的なものは置かない、というのがルールなんですね。旅館や料理屋の座敷などで、ここに荷物を置いてしまう人をたまに見かけますが、とんでもないことです。しかし、最近はそもそも床の間に電話や金庫が置いてあるなんてところもありますから、なんともなさけないことです。

部屋の上座《かみ》、下座《しも》を判断するときに、出入り口に近い場所が一番下座なので、出入り口の近くに座っておけば失敗がない、とよくいわれます。けれど出入り口のすぐ横に床の間がある部屋もけっして珍しくはありません。床の間がある部屋では、「床の間が一番の上座」と心得ておけば、まず大丈夫です。

非日常の場である床の間は
和室における最上座と心得る

四　「畳の縁を踏んではいけない」

これにも理由があります

畳に関しては、まず必ず気をつけたいのが縁《へり》を踏まない、ということです。

なぜ、縁を踏んではいけないか。これにはいろいろと理由がありますが、わかりやすい理由のいくつかをお話ししておきましょう。

まず、当然のことながら、角とか縁というのは傷みやすいのです。たとえば革の靴なども、角や縁の部分は壁やものに当たりやすく、こすれて傷みやすいですよね。畳も同じことで、どうしても縁の部分が傷みやすいのです。縁を布地が縁取《ふちど》っているものとそうでないものがありますが、紋縁《もんべり》と呼ばれるこの布の部分は井草を編んだ畳表に比べて繊維も細く擦り切れやすい、ということもあります。

では、擦り切れやすい布でどうしてわざわざ縁取るのか、というと、これは建築における畳の歴史を知る必要があります。床一面に畳を敷き詰めるいまのような和室のスタイルができてくるのは、室町時代に書院造が完成してからです。それ以前の部屋は板の間で、畳は座ったり寝たりする場所として床の上に置いて使われていました。

雛飾りの男雛女雛が座っている台のようなもの、あれが畳の原型です。宮中や貴族の屋敷における布団や座布団のようなもので、それを使われる方たちの身分や位を表すものとして、紋縁が用いられていたのですね。ですから、紋縁を踏むことは大変に失礼なことだったのです。

また、日本家屋の構造という点から見ると、畳の下には畳を受け止める木の枠が張り渡してあるのですが、畳の縁を踏むとこの木の枠に負荷がかかって、それが頻繁になると枠が折れて床が抜け落ちたりする危険があります。敷居を踏まないというのも似たことで、ここに体重がかかることで歪みが生じて、襖や障子の開けたてがスムースにいかなくなります。

禅には「紅絲線《こうしせん》を踏まず」という言葉があります。紅絲線とは、とんちで有名な一休さんのモデルとなった室町時代の禅僧、一休宗純（一三九四～一四八一）が著した漢詩集『狂雲集』の中で使った言葉で、男女の絶ち難い縁のことを表しています。つまりは僧侶にとっては決して踏んではならない線、煩悩の象徴ともとれるでしょう。

禅の公案にも「大力量《だいりきりよう》の人、什麽《なん》と為《し》てか脚根下《きやつこんか》の紅線不断《こうせんふだん》なる」（枯崖漫録）というものがあります。ここに出てくる紅線というのは紅絲線と同じです。本当に力のある人は、紅い線を踏まない。集中力をもっているから道を踏みはずことなく法にのっとって正しく歩む、というわけですね。

この紅線というのは目には見えません。目に見えない、つまりは存在するはずのない紅い糸が張られていると想像して歩くことで集中力が生まれるのです。

紅絲線は目に見えませんが、畳の縁は見えます。その縁を踏まないように意識するということは、おのずと足元に神経をはらい、動きも慎重になります。足の運びも滑らかなすり足になります。それを習得すると、抑制の利いた美しい立ち居振舞ができるようになります。

見えない線を意識することで
足の運びに心が行き届く

五

禅寺の作法

威儀即仏法《いぎそくぶっぽう》

同じ正しい作法で行動する。威儀を正すことによって、仏法が行じられる。

一　禅堂と常住

坐禅よりも大切な日々の作務

僧堂で修行をする僧侶たちは雲水と呼ばれます。行く雲も流れる水も、けっして一か所にとどまることなく同じ形になることはありません。そういう自然の在り方を「行雲流水《こううんりゅうすい》」という語に表し、師を求め道を求めて行脚をする修行僧の姿をそこに重ねて、雲水と呼ぶのです。

すでに述べましたが、寺における雲水たちは、大きく分けると「禅堂」と「常住」に分かれます。禅堂というのはもっぱら坐禅に専念するのが役目、常住は自分たちも含めて雲水の生活全般の面倒をみる役目です。

ほとんどの組織や集団では、食事づくりや風呂焚きといった仕事は新米がするものです。けれど、僧堂では、新米はもっぱら禅堂で坐禅修行に明け暮れて、それがだんだんできるようになってくると、はじめて常住の仕事がまかされるようになります。

ふつうに考えれば、禅の修行をしに僧堂に入ったのだから、人の世話よりも修行を優先させたい、と思うでしょうが、体験の学問といわれる禅では、生活のすべてが修行そのもの。坐禅を組むことは修行のほんの入口にすぎないのです。

日常の粛々たる運営こそが修行です

二

開浴

湯は三杯まで

風呂に入ることを「開浴《かいよく》」と言います。日常の立ち居振舞も修行の場と考える禅寺では、開浴もまた、れっきとした修行のひとつです。心身の垢を洗い落すため、ここにもいろいろと作法があります。

古い歴史をもつ大きな禅の寺院には境内に独立した浴室が建てられていて、うち（相国寺）でも、一四〇〇年ごろに創建された「宣明《せんみよう》」という浴室がありました。これは火災で焼けてしまい、いまあるのは江戸時代に再建された建物を十年ほど前に修復したものです。現在は使っておりませんが、二〇〇七年に京都府の文化財に指定され、特別公開の折々などに中をご覧いただけます。浴槽に湯を張るいまのスタイルのものではなく、古い時代の蒸し風呂です。

僧堂の風呂は現代のものに変わりましたが、そこでの作法は昔のままです。

柝《たく》を打つカチーンという音が合図になって、すべてが無言のうちに行われます。三人ひと組ぐらいになって、脱衣場に祀られている湯殿を司る跋陀婆羅菩薩《ばつだばらぼさつ》に参拝をしてから入ります。

ひとりが使っていいお湯は、桶に三杯まで。無駄をすることのたとえに「湯水のごとく」という言葉がありますが、禅では、湯も水も自然からいただく大切なもの、みんなの共有物と考えるので、けっして無駄に使うということはいたしません。現実的に考えても、次から次へと何十人も入りますから、ひとりひとりが好き放題に使ったら、湯はいくらあったって足りませんからね。

たった三杯では何もできない、と思うかもしれませんが、そんなことはない。最初の一杯で手ぬぐいを濡らしてから、掛け湯をします。濡らした手ぬぐいをほどよく絞って、ゴシゴシと互いの背中を流し合う。石鹸は使いませんが、体の汚れはこれで十分落ちます。二杯目で出た垢を洗い流して、三杯目で手ぬぐいをゆすぎます。その手ぬぐいを今度はしっかりと絞って、体を拭く。

手ぬぐい一本とお湯三杯。それでも、ぎりぎりなんとかやっていけるんです。実に無駄がない。逆に考えれば、現代の生活がいかに無駄が多いか、ということに気づかされますね。

ところで、以前、講演をしに網走の刑務所にうかがって、館内をひと通り案内していただいたことがあります。そのとき、お風呂場に「浴場規則」というのが貼り出されていました。何気なく読んでみたら、なんと禅宗の開浴の作法と同じなんです。号令に従って入る、おしゃべりをしてはいけない、掛け湯は三杯まで、と。たずねたら、そのときの所長さんが、たまたま私の家の菩提寺である九州の梅林寺で参禅をされたことがあって、その梅林寺の開浴のルールを採用したということでした。禅寺と刑務所と、同じルールが通用している。面白いですね。考えてみたら、どちらも集団生活の場なんですね。つくづく、禅の作法というのは、集団の中で自己を律するのに非常によく考えられたものだと感じます。

入浴は心の垢も洗い落とす〝行〟なのです

三

四九日

自分の剃刀は人のため

四と九のつく日、つまり毎月四日、九日、十四日、十九日、二十四日、そして最後だけ二十九日ではなく月末。これらの日は「四九日《しくにち》」といい、頭を剃ったり、風呂に入ったり、大掃除をしたりする日に充てられます。

さらに、そのなかで月半ばの十四日と月末は、「把針灸治《はしんきゅうじ》」と言って、字のごとく、針をもって繕いものをしたり洗濯をしたり、お灸をして体の調子の悪いところを治したりする日です。要するに、修行ずくめの生活のなかで自分の身の回りのことに時間を費やす、メンテナンス日といったところですね。

剃髪に使う剃刀《かみそり》を研ぐのも、把針灸治の日。いまは剃刀といえばT字型で替刃式というのが一般的ですが、我々が使うのは昔ながらの日本剃刀です。私物をほとんどもたない禅僧ですが、剃刀とその手入れのための砥石は、ひとりひとり自分専用のものをもつ決まりです。切れが悪くなってきたら、もちろん自分で研ぐ。だけど、うまく研ぐのはけっこう難しくて、最初のころはなかなか上手に研げないものです。砥石に当てる角度がちょっと違っただけでダメなんですね。

自分で自分の頭をきれいに剃り上げるのは至難の業ですから、剃髪は二人がひと組になって、お互いの頭を剃り合います。切れの悪い剃刀を使ったら、相手の頭が傷だらけになってしまいますから、常に剃刀はよく研いでおかなくてはなりません。自分の剃刀は、自分のためでなく、人のためにあるのです。

僧堂では、掃除、洗濯、食事づくりはもちろん、針仕事から剃刀や庖丁の研ぎまで、生活に関わることは、なんでもしなくてはなりません。そういう暮らしをしているうちに、入門したてのときにはマッチも擦れず、自分の袈裟も畳めないような人間が、一、二年もすれば、たいがいのことはできるようになります。ともすれば、そこいらの奥さんたちより、ずっとうまくできたりします。すると不思議なもので、雰囲気もシャキッとしてね、入ってきたころとは別人のようです。男性、女性に関わらず、やはり自分のことは自分でできる、というのは人としてとても大切なことだと思いますね。

生活のひととおり全てを自分でできることは、間違いなくその人の「芯」になります

四 失敗は成功のもと

体得したことは忘れない

失敗は成功のもと、といわれます。僧堂にいると、毎日がそんな連続です。なにか失敗をするたびに先輩から「何をしとるか！」と怒鳴られて、身がすくむ思いをすることはしばしばです。僧堂ほど上下の関係が厳しいところは、現代ではほとんどないでしょう。

学歴も年齢も出身も関係なく、一日でも先に入門した者が先輩です。入門が一日早ければ、一日の長として仕えなくてはなりません。ですから、大卒の新米が失敗をして、自分より六つも七つも年下の〝先輩〟に頭ごなしに叱られる、なんてこともごく当たり前のことです。

失敗のなかでも、典座《てんぞ》のお役をしているときに、時間どおりに食事の用意が調わないとか、ご飯がちがちに炊き上がってしまった、なんてことになろうものなら、それはもう大騒ぎです。私も、典座のときに、何度かそういう経験がありますよ。小僧時代には、雑巾がけの仕方が悪いと、その雑巾で叩かれ、箒のあつかいがなってないと、その箒で叩かれました。

いまの若い人たちは、そんな目にあったら、すぐにくじけてしまう。思い詰めて自殺、なんて人もいるわけです。

でもね、怒鳴られたり、ど突かれたりしているたびに思い詰めていたら、僧堂ではいくつ命があっても足りません。失敗をしたとか、明らかな非があるならともかく、理屈に合わないことで怒られるなんてことも、日常茶飯事ですからね。

でもそれは、僧堂に限ったことではないのではないでしょうか。学校を出て社会に出れば、理不尽なことだらけです。上司のミスを押しつけられたり、無理難題をふっかけられたり。でも、そういうことがあるんだということを受け止めて、それに負けない自分にならないと。

雑巾で叩かれたら、叩かれないような雑巾の使い方を覚える、食事の支度が間に合わなかったら、次は間に合うための段取りを考える。落ちこむエネルギーを、乗り越えるエネルギーに転換する。それでもどうしても耐えられなかったら、そこから去る、それだけのことです。

いじめで自殺する子どもがあい変わらず大きな問題になっていますね。子どもはまだまだ世界が小さいから、自分の力では「そこから去る」方法論がわからない。いま自分がいる場所だけがすべてだと思ってしまう。だから唯一の道は、死んで自分がいなくなることだ、と思ってしまうんですね。親は、そこをちゃんとわかった上で、違う方法論があることを教え、導いてやらなくては。特にお母さんの役割は大きいと思います。
失敗、おおいに結構。失敗することも成長の糧だと思える、たくましい心を育ててやりたいものです。

失敗は成長の糧
どんな場においても、これは真実です

五 手づくり

自給自足が禅寺の原則

私の小僧時代は、いまからもう六十年も七十年も前のことですから、当時はお寺でなくても、生活に必要なものは自分たちでつくるのが当たり前でした。しかし、寺では、本当に何から何まで自分たちでやりましたね。

寺で食べる野菜はもちろん、梅干しや漬物、味噌や納豆や豆腐、炭まで自分の手でつくったものです。誰かに教えてもらうというのではなく、近所のおじいさんやおばあさんがつくるのを手伝いながら、やり方を覚えていくわけです。まさに実践の修行ですね。

なかでも一番手間がかかることといえば、炭焼きです。材料になる木を伐り出し、炭焼き小屋に入れて焼きます。一度の窯で、寺でひと冬に使う量の半分ぐらいを焼きますから、かなり大がかりな作業になります。

まず裏の山から木を伐り出してきて、余分な小枝を払い落とします。それから炭焼きをする窯に入る大きさにきちっと切りそろえ、窯の中に並べます。払った細い枝は燃料にしますから、まったく無駄がありません。

焼き方は陶芸の窯とほとんど同じようなものです。枯れ枝につけた火種で点火して、あとは火を絶やさないように三日三晩、焼き続けます。煙の色や出方でタイミングを判断して窯の口を赤土でふさぎ、酸素を取りこめないようにして自然に火が消えるのを待つ。そのままひと晩置けば、出来上がりです。大事なのはタイミング。いつ窯をふさいで火を消すか。ふさぐのが早すぎると生焼けになりますし、焼け過ぎたら炭を通り越して灰になってしまい、丸々三日かけた作業が全部水の泡です。

近ごろは手づくりがブームで、すべての材料が適量ひとそろえになった「手づくりキット」のようなものも売られているそうですね。それを買ってきて、書かれたとおりにやれば、それなりに豆腐でも味噌でもつくれてしまうようですが、はたしてそれで「手づくり」といえるのでしょうか。材料を集めてそろえ、季節や天候に合わせてさまざまな調整の工夫を経験のなかで培いながらつくるからこそ、その人、その家のオリジナルが出来上がるのです。時間と手間をかけて、知恵を絞って、つくる大変さを味わっているからこそ、大切に食べる、大切に使うという気持ちもわいてくるのではないでしょうか。

手をかけてつくったものを無駄にできますか？

六 規律と自由

決まり事の意味

禅寺での生活は、決まり事だらけです。参禅の作法はもちろんのこと、日々の食事での箸の上げ下ろし、風呂の入り方、日常生活の全般にわたって、こと細かにさまざまな決まりがあります。これらは、禅堂制度の創始者である百丈禅師《ひやくじようぜんじ》（七四九～八一四）が定めた『百丈清規《しんぎ》』が基盤となっています。ここに示された規則は「規矩《きく》」と呼ばれます。日によってすることも厳格に決まっています。前述のように、頭を剃るのは四と九のつく日と決まっていますし、二、五、七、十のつく日は托鉢の日です。

それこそ挙げはじめたらきりがないほどいろんな決まりがあって、大学を出てから僧堂に入ってくる新米は、あまりの窮屈さにびっくりします。テレビが一家に一台という時代は、チャンネルを決める権利はお父さんのものでしたから、子どもたちはそれを一緒に見るのが当たり前。そういう我慢というか訓練みたいなものを生活のなかで自然と身につけていましたが、いまの若い人たちは違うでしょう。子ども部屋にもテレビはあるし、家族で何かを決めるときは親が子どもに合わせるような時代です。そんな若者にとって、禅寺の生活はまさに天と地がひっくりかえったようなものでしょう。

でも、考えてみてください。決まり事だらけの生活は、本当に窮屈なだけでしょうか？　もし、何ひとつ決まり事がなく、自由にしていいよ、と言われたら、本当に自由になれますか？

私が八歳で寺に出された話をすると、「そんな小さなうちから、お寺での生活はさぞ大変だったでしょう」と、よく言われます。しかし、そんなことはありません。実家にいたときから規則正しい生活を躾られておりましたから、いろんな決まり事の中での暮らしは、ちっとも大変ではありませんでした。ただ、子どもですから、家族と離れて暮らすのはさすがに寂しかったですけどね。

寺に入ったその日の晩、昼間着ていた服をきちんと畳んで枕元に置いて寝たんです。すると翌朝、小僧の世話をしてくれるお寺のおばちゃんが「この子は変わっちょるばい、服ば畳みよるばい」と驚いていた。

ですが、簡単な話です。脱いだ服を放ったままにしておくのと、きちんと畳んで置くのと、どちらがいいか。答えは明らかですね。放ったままの状態は見苦しいし、翌日くしゃくしゃな服を着ることになります。

人間、ひととおりのことができるようになるまでは、むしろ決まり事があることの方が、ありがたいんじゃないかと、私は思います。決められた事を決められたとおりにするというのは、実はラクなことで、それを積み重ねていけば、ものすごく強い骨格が出来上がります。ちょっとやそっとのことではグラつかない。

逆に、なんのルールもなく、その日の気分や状況しだいで好き勝手にしていたら、いつまでたっても芯なんてものは出来上がりません。

この国で、禅と同じ時代に大きく花開いた文化はすべて、能も、お茶も、立て花も、香も、みんな決まり事だらけの世界です。まず均一な土壌と揺るがぬ土台をつくり上げた上にしか、本当の花は開かないということを、いまにつながる日本文化の礎を築き上げた人たちは、知っていたのです。だから、うるさいほど型にこだわった。

本物の自由は、枠や型があるからこそ、はじめて自由として成り立ちます。禅堂での生活は、そういう土台づくりにほかなりません。

ゆるがぬ土台の上にしか ほんものの花は咲きません

七 托鉢

財施と報施

二、五、七、十のつく日は托鉢《たくはつ》に出ます。月に十二回で、二月だけは十一回になります。月の三分の一強、あるいは半分弱。僧堂の生活というのは、托鉢に頼るところが大きいんですね。托鉢僧への喜捨《きしや》は、お金だけでなく、品物や食物、どんなものでもいいのです。喜捨とは、字のごとく、喜んで財物を施すことを言います。わかりやすい言葉で言えば、お布施です。

しかしながら、托鉢はただ経済的な理由のみで行われるのではなく、もちろん、これもまた大切な修行です。雲水たちはただお布施をいただくのではなく、施してくれた方に対して別の形で報いる、というのが托鉢の原理です。

どう報いるかというと、托鉢で布施を受け取ることによって、喜捨のチャンスをつくって差し上げる。喜捨する側は、その一瞬、「これは私のもの」という所有欲とか執着心から離れることができる。その瞬間を大事にする、というのが喜捨の眼目なのです。金品を施す側は財施《ざいせ》、托鉢でいただく側は法施《ほうせ》といって、どちらかが一方的に施すのではなく、互いに自分のもっているものを差し出して相互に施し合う。お布施は、お坊さんのためであると同時に、実は喜捨する人自身のためのものなのです。

托鉢の雲水が発する「ホォーッ、ホォーッ」という声は、仏法の「法」のこと。自らも悟りを極める修行をしながら衆生救済のために奔走する、という菩薩の在り方である「上求菩提《じようぐぼだい》、下化衆生《げけしゆじよう》」という言葉を表しているのです。一度目の「ホォーッ」は上に向かって求める「法」なので、高く、二度目の「ホォーッ」は下に向かって差しのべる「法」なので、低く、節回しのような抑揚をつけて発します。

托鉢の仕方は国や宗派によってもちょっとずつ違いがあります。日本の臨済宗の場合、分衛《ぶんねい》という三人ひと組のチームに分かれて、街に出ます。必ず素足に脚絆《きやはん》をつけて草鞋《わらじ》を履き、雨除け日除けのための深い網代笠《あじろがさ》をかぶって、僧堂の名が染め抜かれた看板袋を首から下げています。托鉢というからには、鉢をもっているものと思われがちですが、私どもでは鉢はもちません。看板袋が、正規の雲水の証であると同時に、喜捨していただいたものを入れる袋になっているわけです。

喜捨する際の作法について触れておきますと、まず雲水の正面に立って合掌します。それが合図となって、雲水が看板袋の蓋の部分を開けて広げますから、そこに喜捨するものを置き、再び合掌します。

ちなみに、なぜ網代笠かというと、顔がわからないようにするためです。個人が特定できると、人によってはせっかく喜捨するならお気に入りの雲水に、といったえこ贔屓の心が芽生えてしまいかねません。それを防ぐために、わざと顔が隠れる深網笠をかぶるんです。何事も、偏ることはよくないよ、という教えなんですね。

出会った縁に感謝しつつ、自分ができることで互いに施し合う

八

点心

ありがたい機会

托鉢の日には、分衛《ぶんねい》（三人ひと組のチーム）ごとに、こっちは上賀茂、あちらは下京、といったコースが決められます。だいたい、午前中に托鉢したあとには、信者さんからご供養としてお昼ごはんのお呼ばれの機会があって、これを「点心《てんじん》」と言います。お呼ばれの御礼に、こちらは仏壇にお経を供えさせていただく。

点心は、一般的には、中国料理のお茶を飲みながらつまむ餃子や焼売、饅頭、団子、粽《ちまき》など、軽食や菓子の類いで、間食とかおやつのこと。この風習が室町時代の日本でも取り入れられるようになりました。当時は一日二食で、食事と食事の間の小腹を満たすための軽い食事ということで、「虫やしない」などとも呼ばれました。そこからお茶会で出される軽い食事のことも、点心と呼ぶようになったのです。文字は同じですが、禅における点心は、「てんしん」ではなく「てんじん」と発音します。

お察しのとおり、僧堂での食事は実に質素です。朝は薄いお粥と梅干しに沢庵。昼は麦入りのごはんと味噌汁に、ちょっとしたおかずがつきます。僧堂では昔ながらの一日二食が本来で、晩飯には昼の残りものを「薬石」と称していただくだけ。育ちざかりの若者にとって、これは本当にしんどいことです。

信者さんたちもそこのところをよく心得て、ご供養ではいろいろとご馳走をしてくださる。ごはんも釜いっぱい炊いてくれて、鰻とか、肉とか、精のつくものを出してくださることも多いのです。寺内では肉や魚は厳禁ですが、こうしたお呼ばれの食事はご供養ですから、出してくださったものは「食い上げる」のが礼儀です。残すことはせっかくの志を無にする行為で、失礼になりますから、絶対に残してはいけない、というのが決まりです。

雲水が栄養失調になることもなく、むしろ体格のいい者も多いのは、そういうありがたいカラクリのおかげなんですね。

ご供養でいただくものは残さず
すべて「食い上げる」
それが、感謝の一番の表現です

九　歩き方のルール

等間隔で体積を最小限に

　繁華街を歩いていると、数人でおしゃべりをしながら歩道いっぱいに広がって歩く人たちを見かけます。、「歩きスマホ」の人も相変わらず多いですね。駅では車輪つきのキャリーバッグをもったまま急に立ち止まったり、突然方向転換をしたり、無理に横切ったり、危険きわまりありありません。まるで道を歩いているのは自分たちだけと思っているみたいなありさまです。

　かつての日本では、雨の日に細い道で人とすれ違うときには、声をかけ合わなくてもごく当然のこととして、互いに雨の滴《しずく》が相手にかからないよう少し傘をかしげる、といった気遣いができたものですが、そういう文化はどんどん消えつつあります。

　僧堂では、歩くことにもちゃんと決まりがあって、寺内であっても、街中であっても、二人以上で歩く際には必ず雁行《がんこう》、というのがルールです。

　集団で移動する際、一糸乱れぬさまで一列になって足早に歩く雲水の姿は、列をなして夕方の空を飛んで巣に帰っていく雁の群れに似ていることから「雁行」と表現されます。

托鉢の装い

叉手當胸だが、
看板袋を隠さない
ように袋の下で
手を組む。
どんなに寒くても
素足に草鞋

叉手當胸

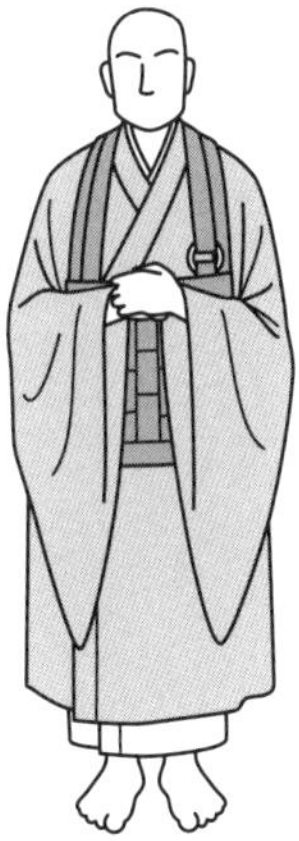
左手で右手を
つかむような
感じで重ねて
胸に当てる

雁行

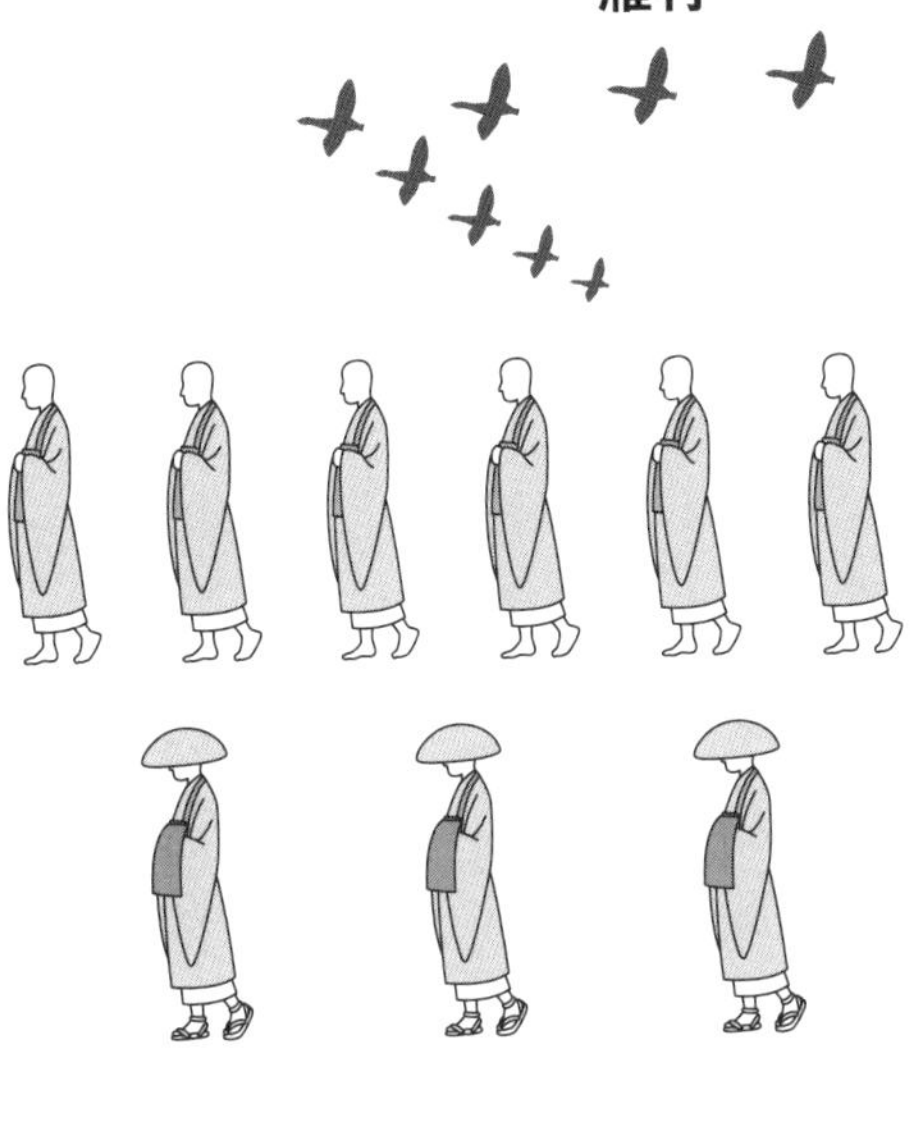
雁が群れをなして
渡る様子を
連想させるとことから、
このように呼ばれる
托鉢のときは
これぐらい
間隔をあけて歩く

雁行の並び方は古参の者が列の最初と最後について、間に新米を挟む形で歩きます。視線は三歩先ぐらいに据えて、両手は叉手當胸《しやしゆとうきよう》。右手の甲の上に左手の甲を重ねて、左手で右手を持つような心持ちで、肘を張ってちょうど心臓の高さのあたりで少し胸から離して合わせます。この形なら、狭い場所でも邪魔にならず、不用意に振って人にぶつかることもありません。歩くというごく日常の動きのなかにも、他人の迷惑にならないという考え方が合理的に実現されているのです。

なにより、この手の形は、ある意味で合掌につながるんですね。重ねた手のひらを己の胸のほうに向けて、自分自身を引き締める。叉手當胸での雁行は、歩きながらの坐禅に近いといえるかもしれません。

叉手當胸で実際に歩いてみると
カがみなぎり、しかも心が落ち着きます

十

旦寮衣

雲水の普段着

衣替えの季節になって、箪笥《たんす》やクローゼットの入れ替えをすると、もう何年も着ていない服が、けっこうあるのではないでしょうか。よく着る服というのはだいたい決まっていて、多くの人は、数パターンの組み合わせを繰り返し着回しているだけだと言います。まあ、私自身は最低限必要なだけのきものしか持っていませんから、想像の範疇でしかありませんが。

いまは着ない、体型の問題とか流行だとかで、着ることができない、でも、もう少し痩せたら、また流行が戻ってきたら、いつか着る機会があるかも――。そんな、いつ来るともしれない「いつか」は、本当に来るのでしょうか。余計なお世話と思いつつ、ついつい考えてしまいます。

雲水は、木綿でつくった単衣《ひとえ》の白い着物の上に、旦寮衣《たんりようえ》という黒い衣を着ます。旦寮衣は、夏は麻で、冬は木綿です。着替えを含めて夏用、冬用、それぞれ二枚か三枚ずつ。それから、庭の掃除をしたり薪を割ったり、労働するときに着る「作務衣《さむえ》」があればこと足ります。あとは住職になってから、コートをもつことが許されるくらいです。おしゃれ、ということで考えればまた話は違ってきますが、人が暮らしていくのに本当に必要な服は、それほど枚数はなくてもいいのです。

なまじたくさんの服をもっているとクリーニング代はかさむし、しまっておくスペースだってばかになりません。そのくせ、ちょっと汚れたからとか、ボタンがひとつなくなってしまったから、なんて理由で、あっさり捨ててしまう。限られた数しかなければ、大事に使うことを考えるようになります。実際、私がいま着ている衣は、片袖だけ、微妙に色が違っています。これは別におしゃれでそうしているわけじゃなくて、袖に焦げをつくってしまったため、できるだけ近い色と質感の布で、焦げたほうの袖だけ自分で縫って付け替えたものです。

フリーマーケットやリサイクルも結構ですが、まずは不要なものはもたないことを、もっと真剣に考えてみるべきかもしれませんね。

必要最低限はもっている安心感
必要以上にもっていない清涼感

十一 五感を目覚めさせる

たくましく生きる力を取り戻す

托鉢や行脚の雲水たちの足元は、真冬でも素足に草鞋です。よく「寒くないのですか？」と聞かれますが、そりゃあ、寒いです。だけど不思議なもので、たしかに歩き出した最初のうちは芯まで冷えて、感覚も完全になくなってしまうほどなんですが、一度そこを過ぎてしまうと、だんだんとぽかぽかしてきて、温かさすら感じるようになるのです。寒中水泳なんかもこれと似ていて、ある一点を超えたところから温かくなってくると言いますね。血のめぐりがよくなる、ショック療法みたいなもんでしょうか。

また、寝る時も雲水には寝間着などはなくて、昼間着ていた旦寮衣を脱いで、その下に着ている単衣のきもの一枚で眠ります。しかも布団は煎餅布団一枚。掛布団だ、敷布団だといった区別などなく、薄っぺらいたった一枚の布団を二つに折って、柏餅のあんこさながらの格好で、くるまって寝るのです。

もちろん、僧堂には冷暖房などありませんから、冬は寒いし、夏は暑い。それでも、そういうものだと腹をくくってしまえば、なんとか耐えられるものなのです。

戦国時代、甲斐の国の禅寺の住職だった快川紹喜《かいせんじょうき》は、武田軍の武将をかくまって織田信長軍の焼き討ちにあって「心頭滅却《しんとうめっきゃく》すれば火もまた涼し」と言って、火の中に果てたという話は有名です。この言葉は、杜荀鶴《とじゅんかく》の詩『夏日悟空上人《かじつごくうしょうにん》の院に題す』のなかにある「安禅《あんぜん》必ずしも山水を須《もち》いず、心頭滅却すれば火も自《おの》ずから涼し（安らかに坐禅をくむには、必ずしも山水が必要ではない。心の中の雑念を捨てされば火さえも涼しく感じるものだ）」をもとにしています。まあ、ある種の精神論といえるかもしれません。

けれど、私がここで言いたいのは、精神論ではなくて、人間が本来備えていたに違いない能力とか作用についてです。

もともと人の体は、環境に合わせて自分で調整をする力をもっていたと思うのです。けれど、防寒性の高い服をまとい、気密性の高い家に暮らすようになって、なにかといえば除菌、抗菌。これでは、備わっていたはずのそういう力も、どんどんダメになってしまうのではないでしょうか。植物だって、必要以上に水を与えたら、根腐れしてダメになってしまいますよね。

一寸先は闇とまではいわなくても、あらゆる意味で不安定ないまのこの世の中、何が起こっても不思議ではありません。そういう時代には、たくましく生きる能力が、もっとも必要とされる気がいたします。

人の体が本来もっているはずの力を信じて
環境の変化に動じない心身を鍛える

十二

行脚

世間に目を向け、心をつくる修行

修行とは、禅堂で座っているだけが能じゃありません。世間の風に当たって社会勉強をすることも大切です。

僧堂の生活は、たしかに厳しく、一から十まで決まり事ずくめで、大変ではありますが、馴れてしまえば、それはそれでラクな部分もあるのです。僧堂の厳しさは、修行の成就のためという明らかな目的がありますから、たとえどんなに理不尽なことに思えても、仲間とともに励まし合って、乗り切っていくことができます。ひとつところにとどまっていれば、そこで暮らすための処世も身につきます。住めば都、とはよく言ったものです。

そういう、ある意味で安定した状況を抜け出して、世間の風に当たり、心身を鍛えるための修行のひとつが、行脚《あんぎゃ》です。身の回りのものを振り分け荷物に詰めて、広く師を求める旅に出るのです。

高師名師を訪ね歩き教えを受ける、というのが本来の目的ですがが、求める師は、寺にいるとは限りません。行脚の、行く先々で出会う人、出来事、そういうひとつひとつもまた、師となって修行を導いてくれるのです。

私も、若いころには随分と歩いて行脚をしました。紀州を一周したこともあります。道々で臨済宗のお寺を訪ねて投宿させていただくのですが、これにも昔からのルールがいろいろとあります。

訪ねていいのは、昼から午後の三時まで。その間にうかがって、玄関で「頼みましょうー」と、声をかけます。和尚さんがおいでなら「どーれー」と出てきてくださる。けれど、たまによくわかっていないお寺などでは、奥様とか手伝いの人が「どちら様で、どのようなご用で？」と聞かれてしまったりもして。行脚の僧は必ずお泊めしなくてはいけない、というのが臨済宗の決まりなのですが、そういうところでは投宿をお願いしても、埒《らち》があかないことが多いので、これはあかんな、と思ったら、「失礼いたしました」といって、次のお寺を探すのが賢明です。こういうコツも、行脚を重ねるなかで、自然と体得していくわけですね。

ちゃんとわかったお寺にたどりついて、「どうぞおあがりください」と言われたら、あがる前に必ず近所を回って、托鉢をします。自分の食い扶持《ぶち》は自分で用意してからあがらせていただく。そこで出していただいた洗足桶で足の汚れを落として、臨済録の序文をそらんじます。それが臨済の修行僧という証で、それでほんまもんの坊さんかニセモノかわかるんですね。

それから住職にお目にかかってご挨拶、ということで、相見《しょうけん》の香を焚きます。焚くといっても、お寺にある線香を焚いていただいて、香料として百円ほどを納めさせていただくんです。で、ひと晩泊めていただいておいとまするときには、先様から五百円とか、千円とか、お布施をくださるようになっているんですね。最後は、山門のところで本堂に向かって般若心経一巻を唱えて退出いたします。こちらがきちんと礼をつくして感謝の心を表す、相手もいたわりの心を表す。そういう人としての当たり前の姿勢ややりとりが、行脚の作法のなかにちゃんと組みこまれているのです。

慣れた環境を自分で打破して、一歩を踏み出す
それこそが行脚の精神です

十三

単箱

ひとり一畳で不自由なく暮らせる理由

ひと昔前までは、ごくごく平均的な暮らしの家であれば、たいてい、いつ人が訪ねてきても困らない程度には家の中がかたづいていたものでした。居間に服や新聞や読みかけの本がそのままになっているなんて家は、むしろ珍しかった。そもそも、散らかるほどモノがなかった、というのが大きいかもしれませんね。それだけ、いまは、ものが多すぎるのです、きっと。

ものが多かろうが少なかろうが、かたづいた環境を調えるルールには変わりがなく、きわめてシンプルです。

まず、ひとつひとつのあるべき場所をきちんと決める。使い方を考えれば、おのずともっともふさわしい置き場所が決まるはずです。そして、使い終わったら、すぐに戻す。このたった二つさえ守っていれば、ものが散らかることもなければ、どこにあったか忘れてしまって探し回るということもありません。

僧堂の暮らしでは、そのルールが徹底されています。庫裡《くり》の調理道具は、ひとつひとつに定められた置き場所があり、使い終えたら必ずそこに戻します。食事に用いた持鉢は、使い終わったらその場で後かたづけをすませて、「単」に持ち帰ります。

単というのは、禅堂で雲水ひとりに与えられる一畳分のスペースです。座って半畳、寝て一畳、といわれる通り、坐禅を組むのも、眠るのも、仕切りのないこの一畳。座の後方にある「単箱《たんばこ》」は日用品を収納する小さな押入れ。天井には布団を収納する布団棚、その下にちょっとした棚があって、そこが持鉢や教本を置くスペースです。全部、決まっている。

禅の規矩のひとつに「什物《じゅうもつ》を宜しくこれを護念し、いちいち用いらば本処に還すべし」とあります。什物とは、宝物とか貴重な品といった意味で、「大事なものは出したままにしておくと行方不明になったり壊したりすると困るので、必ず使ったらもとに戻しなさい」ということです。

宝物はもちろんのことながら、身の回りのすべてのものは、置く位置を決める。そして、使ったら、必ず、もとの位置に戻す。後回しにしない。

このかたづけの原則は、今日からでも、仕事場や自宅に応用できることです。まずは一週間、それができたら一か月。ここまでくれば、きっとあなたのデスクや部屋も随分と変わっているはずです。

かたづけの基本は、場所を決める
使ったらすぐにもとに戻す

十四

庭詰

覚悟が試される試練

最近は、観光的にお寺の修行の一日体験、なんていうのが流行っているようですが、本当に禅の僧堂で修業をするためには、入門からして大変な覚悟が必要です。

目指すお寺の道場の玄関で、床と土間との段差の間に渡してある式台という板に腰をかけて、振り分け荷物の文庫を前に置き、その上に両手をそろえて低頭して、「たのみましょうーッ」と奥に向かって声をかけます。

しばらくするとようやく奥から「どーれー」っという声が聞こえて、取次の僧が出てきます。ここで入門を希望していることを伝えるのですが、ただいま道場は満席、などという理由をつけて、けんもほろろに断られます。真に受けて、あ、そうですか、と立ち去ってしまったらいけません。どこに行っても、最初は必ず断られることになっているのです。

断られても、そのまま。夕方になって「ご投宿を」と声をかけてもらえるまで、低頭の姿勢でひたすらじっと待つのです。投宿が許されたら玄関脇の旦過寮《たんがりょう》という部屋にとおされて、壁に向かって坐禅をして一夜を過ごします。これで受け入れてもらえたわけではなく、翌朝には「ご自由にご出立を」と言われて、また玄関に逆戻りです。これを庭詰《にわづめ》といいます。そうやって四日ほど庭詰を繰り返し、あとは三日ほど旦過寮のみで過ごす旦過詰を経て、ようやく僧堂を取り仕切る「知客《しか》」という係との面談となり、新到参堂――禅堂での参禅が許されます。こうして晴れて入門が認められる、というしくみです。

もう、腰も背中も首も、全身、痛みを通り越してわけがわからないほどです。夜もちゃんと眠れない。大変な試練です。

なんでそんなややこしいことを、と思われるでしょうが、このやりとりで修行への志が試されているのです。これはいけそう、これはあかん、そういうのを入り口のところで見きわめるんです。最近の大学出の子はヤワですから、どうかすると途中で逃げ出したりする者も。そんなことでは、とても僧堂での修行にはついていけませんからね。門を入る前にお引き取りいただくほうが、本人のためでもあるのです。つまり、ここでは学歴とか家柄とか収入とかは、何の意味もない。ひたすら修行への覚悟のみを問われるのです。

かつて、禅の開祖であるインドの達磨大師に入門を請うた慧可《えか》という僧は、どれだけ頼んでも受け入れてもらうことができず、入門を願う決意の固さを示すために、自らの左腕を切り落として見せた、と言います。そうしてようやく入門を許された。このエピソードは「慧可断臂《ぴ》図」といって、水墨画の画題にもたびたび取り上げられてきました。

自分の腕を切り落としてでも、という覚悟。本来、禅というのは、そういう究極の厳しさが問われる世界なのです。

覚悟ができた人間は、強い。ちょっとやそっとのことでは動じることがありません。

覚悟をもつことで人は強くなれる

十五 頭陀袋

いつでもどこでも、袋ひとつだけ

どんなところに出かけるにも、私の荷物は、頭陀袋《ずだぶくろ》ひとつが基本です。飛行機に乗るときも、国内は当然のことながら海外でも、手荷物ひとつだけ。預けるような荷物をもって行くことはありません。そもそも、自分のものといえる持ち物を、禅僧はほとんどもっていないのです。

本来無一物《ほんらいむいちもつ》――六祖慧能《えのう》禅師のこの言葉は、まさに禅の悟りの境地を端的に表していま す。

人間は、何ももたずに生まれ、何ももたずに死んでいく裸の存在であって、本来は生まれながらにしての仏なのである。けれど成長するにつれ、知恵とか自我とか欲といった意識が芽生え、仏の存在からだんだんと遠ざかってしまう。一つのものごとにわき目もふらず全身全霊で打ちこむ。学歴がなくとも、身分がなくとも、最後はそれが唯一、本来の仏たる存在だった自分に戻っていく道なのだ、というのです。

現代はものがあふれかえっています。ものがあるということは、そこに執着が生まれます。だから、最初から必要のないものはもたない、もたなければ執着も生まれない。そう考えて禅では、個人の持ち物を極端に制限しています。自坊も個人的財産ではなく、あくまでも仮の住まいにすぎません。ですから変な話、非常に立派なお寺の住職がクレジットカードをつくろうと思ったら審査でひっかかってしまった、なんて話をよく耳にします。

では、禅僧が私有物としてもっていいものはなにかというと、いくつかについてはすでに触れてきましたが、まず持鉢《じはつ》と衣。衣のなかには、ふだん身につけるきもののほかに、袈裟と、雨合羽などが含まれます。剃刀と砥石。ほかには臨済録とその講本。そんなところです。これらのすべては、行脚に出る際には、振り分け荷物といって時代劇なんかに出てくる前にぶら下げ後ろに背負う旅支度にすべてが納まります。私の個人的な日常の持ち物も、柳《やなぎ》桑折《ごおり》ひとつで十分です。人の暮らしに本当に必要なものは、実はそれほどたくさんはないのです。

ものがあると、そこに「執着」が生まれる

十六

臘八大接心

遺書を書いて臨む者もいる修行

禅寺では一年に二度、集中して坐禅修行三昧をする期間があります。ひとつは「雨安居《うあんご》」。お釈迦さまが生まれたインドの気候は、暑季、雨季、乾季の三つに分かれます。雨季になると植物の芽や昆虫といった小さな生命が地面に出てくるため、行脚や托鉢で歩き回ることは、そうした小さな生命を意図せず殺生してしまうことにつながってしまいます。それを避けるため、出家僧たちがある時期だけ一か所に集まって室内にとどまって修行をする習わしがありました。これを雨安居、といいます。

日本の臨済宗においても、梅雨の時期をはさんだ五月一日から七月三十一日までを雨安居として、禁足修行の期間となります。

この期間は、師匠から与えられた公案を解くこと、そしてそのための坐禅に集中します。公案を解くとは、師匠と弟子との間で交わされる、世間一般にいわれているところの禅問答と思っていただけばいいでしょう。

しかし、さらに厳しい修行が僧堂にはあります。十二月一日から八日にかけて行われる

「臘八大接心《ろうはつおおぜっしん》」。僧堂における修行のなかで、もっともしんどいのが、なんといってもこの八日間です。

お釈迦さまは菩提樹の下で、一週間をひとつの単位として坐禅を続け、それを七回繰り返した四十九日目に悟りを開かれたといいます。それが、十二月八日の未明のことでした。十二月は別名、臘月《ろうげつ》といいます。つまり臘八とは十二月八日のことで、その前の一週間、究極の坐禅三昧でお釈迦さまの悟りにあやかろう、というのが臘八大接心なのです。

この間は、ひたすら坐禅に明け暮れます。

朝の三時から夜中の十二時まで、ほとんど不眠不休に近い状態で、わずかな休憩をはさんでの坐禅を延々と繰り返します。これを八日間続けるわけですから、遺言を書いて取り組む雲水もいるというほど、文字どおり、まさに「決死の覚悟」で取り組む大接心なのです。

住職になると、会合やらなにやら出かけていく用事があるのでなかなか思うようになりませんが、私は八十歳を超えたいまでも、臘八大接心の期間は、時間が許す限り接心に取り組んでいます。いまだお釈迦さまの悟りの境地にはいたっていませんが、ひたすら座り続けてこもりきりの一週間を終えて外に出ると、世界が新鮮に輝いて見えてきます。

まさに生まれ変わったように、目に入ってくる木々の緑は実に鮮やかで、耳に届く鳥の声も実にすがすがしい。緑も鳥も、周囲は何も変わっていない、自分自身の感じ取る力に、変化が起きるのです。

そうして、ふだんの自分がいかに物事を見ているようでいて見ていなかったかに、あらためて気づくのです。

追いこんで、追いこんで、追いこんで。ぎりぎりのところまで自分自身を追いこむことによって、人間本来の力や感覚を研ぎ澄まし、取り戻す。それが臘八大接心なのです。

しんどいところを耐えて乗り越える経験が人間の胆力の源となる

六

文化の作法

正しく美しい型を身につけると、
心が自在になる

一　環境との共存

互いの命を慈しみあう

ガスや電気がなかった時代のことを思えば、いまの生活はほんとうにラクになって、つくづく文明のありがたさを感じます。けれど、そのありがたさは両刃《もろは》の剣で、現代人の生きるための知恵や能力はどんどん失われています。阪神淡路大震災や東日本大震災のような天災に襲われるたび、つくづく、そう感じます。

ごはんを炊くのも、風呂を沸かすのも、かつてはすべて薪を使っていました。私が小僧時代を送った寺でも、日々の生活に使う燃料は、すべて自己調達。自分たちで山から伐《き》り出した木を使っていました。

山での樹木の伐り出しは、斜面の下のほうから伐っていって、だんだんと幅を狭めながら上に向かいます。てっぺんまでいったらまた下に戻って、前に伐ったところの隣で、同じように下から上へ。伐るときは、地面ぎりぎりではなく、二尺かそこら上のところで伐ります。そうしておけば、しばらくすると残った切株からまた、ひこばえが生えてきます。

ひこばえというのは、切株や根元から生える若い芽のことです。これが成長していって、やがてまた大きな樹木になる。そうやって、山の自然の循環が保たれていくのです。

伐りやすい下のほうだけをゴソッと切ってしまうと、そこだけ丸坊主になって、山の生態系のバランスが崩れてしまう。また、次に必要なときにてっぺんのほうの木を伐ろうとすると、下の方にすでに新しい芽や枝が育っていて、運び出すのが大変なことになってしまいます。ものごと、目先のラクさにとらわれて正しい手順を無視し秩序を狂わせてしまうと、いろんな意味であとから大変な思いをすることになるのです。

日本では、森林に針葉林ばかりを植樹したため、山や森の生態系が崩れてしまいました。広葉樹が広く深く根を張るのに対して、針葉樹の根は浅いんです。しっかり根が張る広葉樹林は保水性が高く、緑のダムといわれるくらいです。

以前、有明海の漁師さんたちから、玖珠《くす》の町に木を植えたいという申し出がありました。玖珠は、私が小僧修行をした岳林寺の末寺があったため、幼いころからたびたび訪れていた場所なのです。大分県の内陸で、海には接していない町なので、なんで海の漁師さんが山の木のことを心配するのかと、不思議に思ったものです。が、話を聞いてみると、なるほどなと合点がいきました。玖珠には有明海に注ぐ筑後川の源流があるんですね。

つまり、そこで木がしっかり根をおろし成長すると、落ちた枯葉が腐葉土になっていろんな微生物が発生します。それが雨と一緒に地面にしみこんで筑後川に入り、やがて有明海に流れこむと、プランクトンが豊富な漁場になるというわけです。そこに小魚がいっぱい集まって、その小魚をめがけて中くらいの魚がやってきて、さらにそれを狙って大魚もやってくる。なるほど、食物連鎖が生まれるわけですよ。

いま自分たちが魚をいっぱい獲れればいいという考えではなしに、ずっと先の、もっと豊かな未来のためにいまできることをする。こういう姿勢が大事だと思います。

自分たち人間も大きな自然の一部
すべてはお互いさまです

二　硯

文房四宝のはなし

硯、墨、紙、筆、この四つを文房四宝《ぶんぼうしほう》といいます。文房というのは中国の文人の書斎のことで、文房具というのはそこで使う道具という意味です。実用品であることに加え、美術的価値も見出されるようになって、とくに重要とされたアイテムが、この四つだったのです。

なかでも硯は、とくに大切にされました。墨、紙、筆が消耗品であるのに対して、硯は何代にもわたって長く使い続けることができるため、骨董としての価値も加わっていったのです。

端渓《たんけい》、歙州《きゅうしゅう》、洮河緑石《とうこうりょくせき》、澄泥《ちょうでい》が中国の四大名硯《めいけん》の産地とされていますが、もっともよく知られ、優れた質の硯がとれるのは、端渓です。端渓とひと口にいっても、ピンからキリまであるのですが、いい端渓の石肌はほかとは比べ物にならないものがあります。しっとりとキメが細かく、指先で触れると吸い付いてくるような感覚があって、まるで赤ちゃんの肌のようです。その感触の秘密は、顕微鏡で見るとわかります。表面がよく目立てのされたノコギリの刃のようにギザギザと鋭く尖っているため、墨をするときに適度に空気を取りこみながら、サラリとしてキメの細かい墨がすり上がるのです。これはほかの産地の硯にはない特徴です。

どんなにいい墨を使っても、それをする硯がよくなければ、せっかくの持ち味を生かし切ることはできません。人だって、同じこと。どんなに才能があっても、それを引き出し、生かしてくれる人や場があってこそ、です。

才能は人や場との出会いがあってこそ生かされる

三 千字文

手本をなぞる意味

パソコンを使うようになってから漢字が書けなくなった、という話をよく聞きます。正しい文字が思い出せない、と。なるほどな、と思います。人間、何かを身につけるには大変な時間や努力を必要としますが、逆は簡単で、ちょっと気を抜いたり、怠れば、すぐに崩れてしまうものなんですね。

バレリーナも、一日休めば自分にわかる。二日休めば仲間にわかる。三日休めばお客様にわかる、といいます。庭だって、一日掃除をしなければ、もとの状態に戻すには二日かかる、そういうものです。ですから、漢字も当然、自分の手で書かなければ忘れます。

禅では、墨蹟《ぼくせき》というのをことさらに大切にします。墨蹟とは、広義では字のごとく、墨筆で書かれた筆跡ですが、日本では主として禅僧の墨筆のことをさします。墨蹟で大事なのは、上手い下手ではなく、筆をとおして墨に注ぎこまれ紙に表われた、その人自身の、生き様であり、覚悟であり、人柄です。たとえ何と書かれているか読めなくても、筆の勢いに、墨の濃淡に、文字のバランスや余白に、何かが確実に伝わってくるものです。こればかりは、パソコンだワープロだといった機械では、絶対にできないこと。

禅僧でなくてもやはり、文字には人柄が出ます。下手でも丁寧にまじめに書かれた文字はそれなりに伝わるものもあります。けれど、大企業の偉いさんが芳名帳に書いた名前の文字があまりに下手だったら、ガクッときてしまいますよね。

よく、どうやったら毛筆が上手くなりますか、コツを教えてください、と聞かれますが、コツなんてありません。とにかく可能な限り、筆で文字を書く。それだけです。

いまでこそ私は、人様から頼まれて揮毫《きごう》もいたしますが、もともと字が得意だったわけではありません。それを克服しようと、二十代のはじめに寺務所に入ったときに、文字はすべて筆で書くことに決め、普通ならボールペンなどで書く細かい字の報告書やさまざまな会議録、それらもすべて筆書きにしました。

「千字文《せんじもん》」も幼いころを含め三回書いています。

千字文というのは、中国で子供が漢字を覚えるための読本として梁の武帝の命で作られた漢文の長詩です。一句は四文字でできていて、天文や地理をはじめ倫理や政治まで、世の中のありとあらゆることが盛りこまれています。千字のなかに重複する文字はひとつもなく、韻が調えられており、書道の手本として日本でも古くから用いられてきました。一文字につき、おのおの楷・行・草の三書体がありますから合計三千字になります。これをひたすら書いて練習するのです。

みなさん、「上手な字を書けるようになりたい」とか、「きれいな文字を書きたい」といううけれど、そもそも上手い文字って、どんな文字ですか？　きれいな文字がどんな字か、答えられますか？　自分のなかに具体的なイメージがないのに、上手な文字なんて、書けるわけ、ないですよね。

ですから、上手な文字、きれいな文字を書きたいと思ったら、まず、自分が「上手い」「きれい」と思う、お手本となる手跡《しゅせき》を探して、柱に据えることです。

ひたすら手を動かすことはもちろん大事ですが、手だけでなく、目でしっかりと見て、心のなかにイメージを蓄えることも、上達の秘訣だと思います。

目標を定めて、ひたすら手を動かして苦手を克服する

四

毛筆

肝心かなめの「命毛」のはなし

二〇一一年度から英語が小学校五、六年生の必修科目になり、さらに低学年からの必修化も検討されはじめているようです。「海外で通用するグローバルな人材育成のため」だそうですが、英語ができれば本当に海外で通用する人間になれるのでしょうか。たしかに、英語はできないよりできた方がいいですね。しかし、その前にもっとするべきことがあると思うのですが。

海外に留学したり、赴任したりした経験のある方は、「外国に行って、いかに自分が日本の文化というものを知らなかったかに気づいた」と口をそろえて言われます。世界各国からの留学生やビジネスマンが集まるパーティなどに出ると、どの国の人も、自分の国や伝統、文化といったことについて、たとえたどたどしい英語であっても、きちんと語ることができる。ところが自分は、英語は流暢にしゃべることができても、語るべきものがないことに、ショックを受けた、というのですね。

そういえば、英語の必修化について、あるテレビの街頭インタビューで、いかにも江戸

筆のもち方

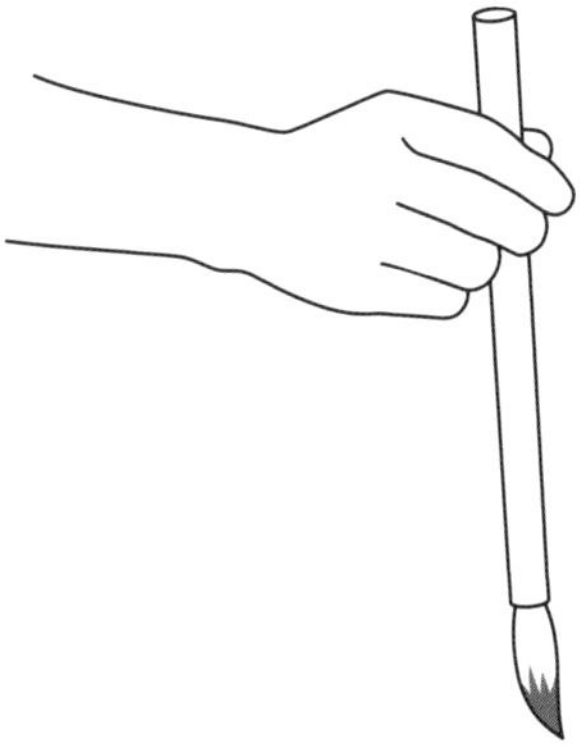

太字

上端よりをもつ方が、筆を自由に大きく動かせる。人差し指と中指の二本、あるいは薬指までの三本の指を、筆の軸に軽く添えるようにしてもつ。手首ではなく、肩の付け根から腕を動かす心もちで書く

細字

机上に置いた左手を台にして、筆をもった右手を乗せる。左手を立てたり平らにしたりして、高さを調節する

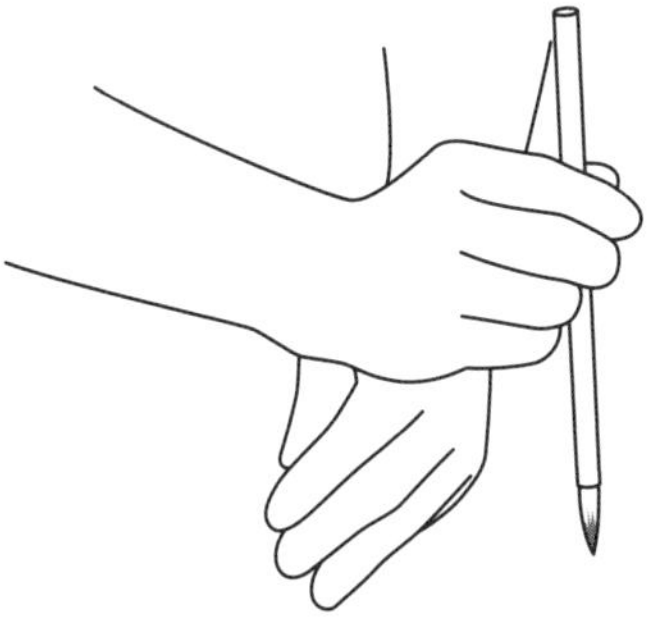

っ子という感じの年配の男性が「英語を教える前に、落語を教えたほうがいいね。人の気持ちとか、機微ってやつがわかる人間になれるから」と答えていたという話を聞きました。大いにうなずけます。

まあ、落語を必修化するのがいいのかどうかはともかくとして、少なくとも習字は必修にしてきちんと教え続けるべきではないでしょうか。

毛筆と、ボールペンや鉛筆のような、いわゆる硬筆とでは、もち方も力の入れ方もまるで違います。筆の軸は、図のように真ん中から上の部分を、指には余計な力を入れずに、ゆったりともちます。この力を抜くということが重要で、なぜなら毛筆は手首を動かしたり指先の力加減で書くのではなく、肩や肘の力を抜いて腕から動かして書くからです。小筆で手紙のような小さな文字を書く場合は、左手を台にして右手首の下に添えると、手首が安定して書きやすくなります。そうすることで、書き上げた部分を右手でこすって汚れるのを防ぐこともできます。

この力の抜き加減がわかってくると、書くときの姿勢も自然とピシッと美しくなってくるものです。そして文字にも毛筆らしい美しさが出てきます。

ところで、筆で一番大事な部分はどこだと思いますか？　ちゃんとした筆は、穂の中心に、細くて弾力のある一番長い毛が必ず一本通っています。これを「命毛《いのちげ》」といいます。この命毛が、まさに筆の命で、出来がよくない筆だとここがすぐに切れたりすれたりしてなくなってしまうのです。
本当に、じっと目をこらして近づけてみないと見えないような細い毛が、筆の寿命を左右し、文字の美しさに働きかける。おもしろいものですね。

毛筆は、余計な肩や指の力を抜いて
腕全体で書く心もちで

五　いい道具とは？

どこを見極めるのか

「弘法、筆を択《えら》ばず」ということわざがあります。弘法大師空海は、能書家としてもよく知られた方で、どんな道具であっても見事に使いこなす、という意味で、要は、自分の字が下手なことを道具のせいにするな、という戒めですね。

しかし、選ばずに上手く書けるのは、弘法さんだからで、下手な人間はせめていい道具を選んで、道具に助けてもらわないことには、なかなか上達もしません。いいものは、間違いなく拙《つたな》さを補ってくれます。

よく「最初のうちはいいものを使うほどの腕前はないから、ほどほどのもので、上手くなってきたらそれに見合った道具をそろえればいい」という人がいますが、これには私は同感できません。最初だからこそ、いい道具を持つことが必要なのです。なによりいけないのが、「ほどほどのもの」です。

特に硯などは、本当にいいものは非常に高価ですから、そうそう買い替えられるものではありません。中途半端にほどほどのものを持つくらいなら、はじめから腹をくくっていいものを買って、大切に使ったほうが、あとあと後悔をしないですむはずです。

では、「いいもの」とは何か。実は、これが難しいのです。必ずしも、高いものがいいもので、安いものはそれなりでしかない、というわけではないんですね。

けれど、見る目が育っていないうちは、やはり値段をひとつの目安と考えてみるのもひとつです。そうして使ってみると、いい道具は、間違いなく使いやすい。普段の自分の実力以上の力を発揮させてくれる。それが「いい道具」ということです。

値段にあらず
さりとて中途半端な「ほどほどのもの」は
一利もなし

六

風呂敷のあつかい方

万能の布の智慧

いまはなんでも「エコ」とつけると、売れたり、評判がいいんだそうで、ちょっとしたおまけみたいなものに、エコバッグというのがついてくることがあるようですね。ここでもあそこでももらって、気がつくとエコバッグばかりいくつもたまっていて、さて、これのどこがエコなのか、と首をかしげたくなるという話を、ある在家さんから聞きました。

日本には昔から、究極のエコバッグともいうべき風呂敷の文化がありました。丸かろうが四角かろうが、たいがいのものはつつめますし、畳めば邪魔にならない。実に便利です。雲水たちが行脚をする際には、きものや書物をつつむための必需品です。そもそも風呂敷というのは、禅寺の浴室で、蒸し風呂のすのこ式の床下から上がってくる蒸気が直接肌に当たらないよう床に敷いて使った布のこと。だから「風呂敷」なんですね。

きものにしてもそうですが、日本人というのは一枚の布を上手に生かす術を心得ていたものだと、つくづく感心します。

ところで、お訪ねした先で手土産をお渡しする際、マナーの本などには、たいてい「風呂敷のつつみを解いてなかの品物だけを渡します」と書いてあります。が、どうなんでしょう。中身が菓子折りなどならいいのですが、たとえば一升瓶とか、スイカとか、そういうものを風呂敷を解いて生身で渡す――。想像してみてください。ちょっとサマにならない気がしませんか?

風呂敷につつんだままのほうがサマになると思えば、そのままお渡しして、心配なら「あとで風呂敷だけ、お戻しください」とひとこと添えればいいと思います。

マナーとか作法というのは、本来、形式ありきのものではありません。結果としてそれが美しい、合理的、という経験値の積み重ねから生まれたものです。ですから、「絶対」はない。ときにより、場合によって、いくらでも例外はあってしかるべきものなのです。かたくなに「こうでなくては」と押しとおすほうが、よっぽどマナーに反しているのではないでしょうか。

マナーは臨機応変
基本を知っていれば崩すこともできる

七

無功徳

誰かに何かをしてあげる、のなかにある驕り

人のために何かしようという心がけは、褒められることはあっても、叱られることではない、というのが世間一般の常識です。

しかし、禅では、「人のために何かをしようと思ったらいかん」といいます。他人のために何かをすることで、人は無意識のうちに見返りを期待しがちだからです。見返りを期待すると、誰かが見ているから頑張る、誰も見ていないから手を抜く、そうなりがちです。人のためでもなく、自分のためでもなく。人が認めようと認めまいと、自分はやるべきことをちゃんとやる。そうでなくてはいけません。

六世紀はじめの中国であった、梁の武帝と禅宗の初祖・達磨大師のこんなやりとりが残されています。武帝が「朕《ちん》、寺を建て、僧を度す、何の功徳《くどく》かある」と尋ねると、達磨大師は、実にそっけなく、「無功徳《むくどく》」と、ひとこと。

武帝は深く仏教に帰依した皇帝で、数多くの寺院を建て、僧侶を育成し、仏教のために力を尽くした人です。そういう自らの功績に対して、どんな功徳があるだろうか、と達磨

に問うたのです。内心、武帝は相当期待していたはずです。ところが、達磨の答えは「そんなもの、ないよ」。見返りを期待してるなんて、おまえさんもまだまだだね、そんな気持ちで何かをしたって、何も得るものなんてないさ、というわけです。

難しいですね。何かのために、誰かのために、というのは行動を起こす原動力になり、モチベーションにもなる。けれどその一方で、見返りを期待したり、一方的な押し売りや自己満足になる危険も持ち合わせているのです。

人間、そういうニオイには、けっこう敏感なものです。相手のなかにある対価を求める気持ちや上から目線の驕りをちゃんと嗅ぎ取ってしまう。そうなると、どんなに素晴らしいことをしてもらっても、素直に感謝することはできませんよね。

自分がしたことは結局、自分自身に還《かえ》ってくる。良くも悪くも「誰かのため」は、「自分のため」と同じことなのです。

あなたがしたことは、
すべてあなた自身に還ってくる

八 ご利益

その願いはなんのため？

お寺を訪ねて仏像を拝見する、というのは、京都や奈良での観光の定番中の定番です。お寺にとってはありがたいことですが、さて、みなさん、どんなことを思って仏像に向き合っているのでしょうか。

仏像に興味があるとか、仏像拝観が趣味といった人はともかくとして、そこに安置されているのがどんな仏像であっても、大方は「ああ、ありがたい仏さんが祀られているんだな」ということで納得をする。横に「阿弥陀如来像（平安時代）」などと書いた札があれば、「あらまあ、平安時代、すごいわね〜」と感心し、賽銭箱があればそこにお賽銭を入れ、手を合わせ、お願いごとをする。「息子が一流の会社に就職できますように」「うちのお父さんがいつまでも健康で働けますように」「こないだ買った宝くじが、どうぞ当たりますように」。いろいろあります。

本来仏像には、それぞれの役割分担、得意とするジャンルというのがあるのですが、たいがいの人は、目の前の仏さんが観音菩薩なのか、薬師如来なのか、そんなことはあまり重要ではないようで、みんな「ありがたい仏さま」です。ちなみに、阿弥陀如来は、亡くなったあとで極楽浄土へと導くのがお役目なので、宝くじとか就職とかは、あまり得意な分野ではないはずです。まあ、そのあたりの詳しいことを知りたければ、「仏像の見方」といった本をあらためて読んでいただく、ということで。

仏像の前で頭《こうべ》を垂れ、合掌し、何かを願う。ここで大事なのは、ただ「ああなったらいいな、こうなったらうれしい」で完結するのではなく、そうなるために自分自身が何をするか、そうなったら自分は何をしたいのか、です。

たとえば「起業して会社を成功させたい」と願うとします。大事なのはそのあとで、会社を成功させたら、何をしたいのかが重要です。「お金持ちになって贅沢な暮らしをしたい」のと、そのお金を使って「自分や社員の暮らしを豊かにして、社会に還元していきたい」というのでは、まるで違いますね。

お釈迦さまからはじまって以来、「人の心を救う」のが仏教の目的です。自分だけが得をすればいい、という考えは、ちっぽけで貧しい。もっとたくさんの、もっと大きな「ご利益《りやく》」を求めて、はじめて心は救われるのです。近視眼的なものの見方ではダメなんですね。目先のちっちゃな利益《りえき》よりも、長い目で見た大きな利益、みんなの利益のことを考えようやないか、というのが、仏教の本来の考え方なのです。

そうしたら、原子力発電なんてものは、どうなんでしょう。いまの生活の便利さと引き換えに、我々人間はすごく大きな大事なものを失くしている気がします。

　先日も東北に行ってまいりまして、離れていると忘れがちですが、東北がいまも震災の被害から立ち直れていないのを目の当《まあ》たりにしてきました。瓦礫の山はあちこちにそのまだし、仮設住宅を出られない人たちが、まだまだたくさんいます。なにより怖いのが風評被害なんだそうです。あのへんでとれた魚は危ないとか、あそこの野菜はダメだとか、人は無責任にいろんなことを言いますね。積極的に手を差しのべろとは言いません。でもせめて、邪魔するようなことだけはしないでほしい。風評被害が消えるにはどれだけの時間がかかるのか、見当もつきません。

　一瞬の利益のために、私たちが失ったものの大きさを、いま一度考えたいものです。

目先の一瞬の利益《りえき》は本当のご利益《りやく》にあらず

九　坐禅について

座る文化

何か思いがけないことが起きて慌てふためくようすを「右往左往する」といいますね。右へ左へ、うろうろするということです。そんな人には、ひとこと、「まあ、ともかくお座りや」と声をかけます。気持ちというのは、座ることで落ち着くものなのです。

座ることによって心と体の状態を調えるのが坐禅です。坐禅をする際、僧堂では「単布団《たんぶとん》」という坐禅用の特別な形をした座布団を用います。一般の方向けの坐禅会などでは、厚めの大きな座布団と、その座布団を二つに切ったぐらいのサイズでさらに厚みのある「坐蒲《ざふ》」を重ねて使います。

この坐蒲を座布団の後ろ半分の上に重ね置き、その上にお尻をのせて、まずは胡坐《あぐら》を組み、結跏《けっか》または半跏に足を組み直します。結跏というのは、左右の足をそれぞれ反対側の腿《もも》の上に載せて足を組むこと、半跏はその片方だけを行うことです。

大人になってからはじめて坐禅をする人にとっては、けっこうしんどい座り方のようですが、坐禅発祥の地、インドでは、このような座り方が、長時間座り続けるにはもっとも

坐禅の組み方

「数息観」
1から10までを頭の中で数えて息を調える方法。「ひとー」で静かに息を吐き、「つ」で息を吸う。「ふたー」で再び静かに息を吐き、「つ」で息を吸う。これを10（「とー、お」）まで繰り返したら、また1から始める。息を吐くときはできるだけ長く深く吐く

1 坐蒲の上にお尻を乗せて、胡坐を組む
2 右足を左のももの付け根にのせる
3 次に左足を右のももの上にのせる。
　これが結跏。片足だけなら半跏
4 足が組めたら、体を左右、続いて
　前後にゆすって腰の位置を決める
5 足の上で、右手の上に左手を置き、
　左右の親指の先を合わせる
6 背筋を伸ばし、少し顎を引いて、
　視線を1メートルぐらい先の床に落とす
7 気息を調える

ラクな姿勢なのだといいます。さすが、ヨーガの故郷です。

足が組めたら、腰の位置を定めて、組んだ足の上で両手の親指の先を合わせて楕円形をつくるような心持ちで手を組みます。するとちょうどその手がお臍《へそ》から指四本分ほど下の「丹田《たんでん》」のあたりにきます。丹田というのは、ひとことでいえば、体の芯にある「気の泉」みたいなものです。

背筋をのばし、視線は一メートルほど先を見るように落として半眼《はんがん》にします。完全に目を閉じてしまうと、坐禅ではなく自分だけの世界でのイメージトレーニングになってしまいますので、目はつぶらないでください。自分の内側と外の世界とのつながりを意識することが大切なのです。

そうしてカマエが整ったら、呼吸を調えます。ゆっくり、丹田を意識して深く、吐いて、吸って、を繰り返します。ここでもっとも大事なのは、肺を空っぽにするくらいまで息をしっかりと吐くこと。新しい空気をたっぷりと取りこむには、吸うのではなく、まず吐ききること。そうすれば、自動的に吸いこむことになります。

姿勢を整え、呼吸を調え、仕上げは、心を調える。

機会があったら、ぜひ、坐禅会などに参加して実際に体験してみることをおすすめします。体と呼吸と心とが、互いにつながり合っていることを感じることができると思います。

ちなみに、坐禅というと、警策《けいさく》という平たい棒を持ったお坊さんが、雑念を見破って「喝ーッ！」と肩を打つイメージがありますが、あれはウソです。打つときに声は出しませんし、在家の方の坐禅会では自己申告制です。求められてはじめて警策を使いますので、心配はいりません。結跏、半跏ができなければ胡坐でも正座でも構いませんし、膝などを傷めていて胡坐も無理なら、椅子に座ってでもいいのです。まずは、座ってみる。そして調身、調息、調心を感じてみる。禅は、体験することが、大事なのです。

静かに座って心を調える
生きる「構え」も調ってくる

十

無言の雄弁

沈黙に耐える力を養う

禅の三黙堂《さんもくどう》といえば、禅堂、食堂《じき》、浴室。坐禅を組むのはもちろんのこと、食事をするときも、風呂に入るときも、用便の際も、いっさい無駄な言葉は発しない、というのが僧堂の鉄則です。「黙」というのはただ黙っているというだけでなく、無駄な音さえも極力立てない、ということでもあります。

なんで、しゃべってはいけないのか。ひとつには、同じルールを持つ集団のなかでは、言葉などなくてもこと足りるからです。実際、柝《たく》の音をはじめとする鳴物の合図があれば、無言で困ることはほとんどありません。そうして無言で過ごすことによって、逆に普段の生活でいかに無駄な言葉を口にしているかを知ることにもなります。

人は言葉を、何かを伝えるための最も有効な手段だと思いがちですが、本当にそうなのでしょうか？　むしろ、逆のような気がします。本当に伝えたいことを言葉に置き換えようとすればするほど、真実から遠ざかっていくように思います。足りなかったり、言いすぎたり。選び方を間違えば、誤解も生じます。言葉は、思っているよりもずっと、不自由なものなのです。

禅の影響を大きく受けているお茶の世界でも、茶事では、会の主催者である亭主と客の最初の対面は、露地《ろじ》と呼ばれる庭で、無言のうちに行われます。ふつうに考えたら、「お招きありがとうございます」「ようこそ」と言うべきところで、あえて、無言でいる。茶事のハイライトである濃茶点前《こいちゃてまえ》の間も、無言です。黙って、亭主が練っている一碗に気持ちを集中させるのが約束です。この緊張感と、その後の薄茶《うすちゃ》点前のときの場のくつろぎ、この緩急のメリハリがお茶の醍醐味です。ところが、なかには亭主自ら濃茶を練りながら、茶道具の取り合わせやら今日の天気やら、あれこれしゃべり出す人がいるから困ったものです。

こう考えてくると、「沈黙」には、それに耐えるだけの胆力が必要ということも、わかってきますね。

禅では「不立文字《ふりゆうもんじ》」「直指人心《じきしにんしん》」といって、言葉や文字に頼らずに悟りの境地に至ることを目指しますが、沈黙に耐えることは、みずからの内面と対峙することでもあり、心の底力をつける鍛錬ともなるのです。

普通の生活の中ではなかなか黙っている時間はつくりにくいものですが、ときには意識して沈黙の時間を取ってみることは、人格を磨くためには大事なことです。

さて、食事でものを噛む音や食器が触れ合う音、そんなわずかな音さえ「黙」を貫く禅ですが、おもしろいことに、うどんと煎餅だけはなんぼ音を出しても構わん、ということになっています。毎月十四日と月末の大四九《おおしく》の昼は「うどんの日」で、みんなここぞとばかりにズズーッと、わざと大きな音を出して食べます。これがまた、美味いんですな。

人間にも緩急が必要、ということでしょうか。

一分でも二分でもいい
意識的に無言でいる時間をつくってみよう

おわりに

禅は体験の宗教である、とされる。となると、何事も実体験をとおして会得してこそ、はじめて自分のものとなるのだ、ということを納得せねばならない。この本では、私の小僧時代からの実生活で体験してきたことを書いた。みな私が経験したことばかりである。

今は文明の節目で、人類の生活が大きく変わりつつある。しかしそんな時代でも、いや、だからこそ、自から会得してきたことに勝るものはないと思う。なぜならば、それらは他の誰でもなく、自分自身の身についたことだからだ。

禅では、「冷暖自知《れいだんじち》」を強調する。これは「無門関」に出る語で、「人の水を飲みて冷暖自知するが如し」による語。自分が直接水を汲んで飲むことでその冷暖を知るように、悟りの体験はそれを得た人にだけ知られるものであって、他の者には窺い知ることはできない、ということ。

知ることと、得ることの違いは歴然としていよう。日常生活で少しばかり考えを変えて見ることで、必ずや豊かな世界が開けるはずだ。

平成二十五年七月

著者記す

集英社ビジネス書　好評既刊

ビジネスの武器として使える
中国古典の名言至言ベスト100　英訳つき

著者：竹内良雄

孫正義氏、ビル・ゲイツ氏、北尾吉孝氏、オバマ大統領、毛沢東、温家宝……。世界の傑物は、中国古典の故事成語から仕事と人生の糧を得ている。仕事力を上げ、座右の銘になる、最強の中国故事成語が、必ず見つかる。

「勝つ」ための中国古典の名言至言100を選りすぐり、現代語でわかりやすく解説。英訳つきで、国際ビジネスコミュニケーションの場で、明日から即使える、管理職必読本。

ISBN 978-4-08-786025-2
四六判　ソフトカバー　240ページ
1,575円(税込)

ユダヤ人の成功哲学「タルムード」金言集

著者：石角完爾

ノーペイン・ノーゲイン。犠牲なくして成功なし。ユダヤ5000年のサバイバルとリスク管理センスをビジネスに生かして、生き延びろ。日本人よ、思考停止するな！　考えろ！

古くはロスチャイルドに始まり、世界の政治・経済の要所を押さえているのはユダヤ人と言っても過言ではない。その強さの秘密は、ユダヤ民族の生活全般を規定する口伝律法「タルムード」にある。

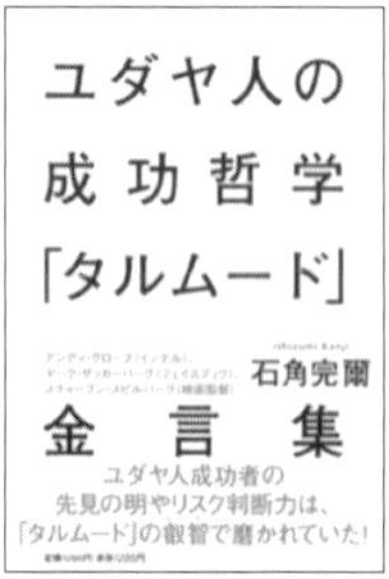

ISBN978-4-08-786011-5
四六判　ソフトカバー　256ページ
1,260円(税込)

転ばぬ先の 転んだ後の「徒然草」の知恵

著者：嵐山光三郎

「大事を思いついた人は、ほかのことはすべて捨てよ」
「時代を生きる人は、まず時期を知らなくてはならない」
『徒然草』はこのような知恵にあふれている。

自ら70代を迎えた著者が、改めて読み解く「徒然草」。スティーブ・ジョブズの信条は、吉田兼好と通じるものがあることを再確認。

ISBN978-4-08-786012-2
四六判　ソフトカバー　200ページ
1,260円(税込)

仕事は心を叩け。

刀匠・河内國平　鍛錬の言葉

著者：山本兼一

時代小説の手だれ、山本兼一が、
奈良の無形文化財、
刀匠の河内國平の言葉を引き出す。
一流の職人には、その人でないと
語れない平易でかつ
深い洞察にあふれる言葉がある。

コンプレックスが身を助ける／時間をかけてもあかん、雑になってもあかん／仕事を探すな、師を探せ／金を残すは下、名を残すは中、人を残すが上／出来る、出来る、出来る、出来る、必ず出来る／人を見る時は掃除と炊事をさせればわかる……など
一芸に秀でた人物の言葉に学ぶ

ISBN978-4-08-786022-1
四六判　ソフトカバー　160ページ
1,470円（税込）

「タニアのドイツ式台所管理術」

献立のくり回し・整理・掃除…台所仕事のすべて

著者：門倉多仁亜

「タニアのドイツ式整理術・完全版」に続き、台所に絞った管理術を大公開。台所仕事は家事すべてのマネージメントの集大成！

ドイツには「台所はうちの魂の宿るところ」ということわざがある。整理、掃除をはじめ、料理のくり回しなど、台所仕事のすべてについて、今日からすぐに役立つドイツ式の台所管理術を紹介。

ISBN978-4-08-786032-0
四六判　ソフトカバー　144ページ
1,260円（税込）

毎日○×チェックするだけ！ なぜかお金が貯まる手帳術

著者：野呂エイシロウ

レシート、領収書は〝ハッピーの足跡〟。
リッチになりたければ、
ムダなお金を片付けなさい！
みるみるお金が貯まる
手帳術、教えます。

一日に使ったお金を「ハッピーなお金」「ダメなお金」か判定して、○×式で書き込む『お金の片付け』手帳術。借金まみれでお金に苦労した著者が編み出して人生をリセットできた方法を大公開。手帳に書き込むだけで、お金が貯まる体質に変われる！

ISBN 978-4-08-786023-8
四六判　ソフトカバー　152ページ
1,155円（税込）

有馬頼底の本

無の道を生きる
——禅の辻説法

人間本来無一物。いちど死に切って楽になれ。正真正銘の「正味」の生き方の真髄を禅僧、有馬頼底が語る。名門有馬家に生まれながら、八歳でひとり禅寺に出され最終学歴は国民学校卒業のみ——。その数奇な人生の中で禅の心と共に培ってきた生き方には、現代の迷う心を解き放つ知恵が満ちている。覚えておきたい禅語・仏教用語解説つき。

集英社新書
ISBN978-4-08-720459-9
定価735円(本体700円)

有馬頼底 *Arima Raitei*

1933年東京生まれ。臨済宗相国寺派管長、相国寺・金閣寺・銀閣寺住職。京都仏教会理事長。久留米藩主有馬家子孫(赤松流)。相国寺内承天閣美術館館長。八歳で親元を離れ大分県日田市の禅寺で得度。1995年から現職。当代随一の茶人のひとり。美術、歴史に詳しく能筆としても著名。物言う禅僧として京都ほかの文化財保護、伝統文化継承にも力を入れる。著書「無の道を生きる――禅の辻説法」集英社新書2008年、「茶席の禅語大辞典」淡交社2002年、「よろこびの禅 人生を変える禅のことば」角川Oneテーマ21 2012年、「茶の湯とは何ぞや(禅僧、茶の心を問う)」世界文化社2012年等多数。

「雑巾《ぞうきん》がけ」から始《はじ》まる
禅《ぜん》が教《おし》えるほんものの生《せい》活《かつ》力《りょく》

2013年 8 月31日 第1刷発行
2020年 2 月10日 第3刷発行

著 者 有馬頼底《ありまらいてい》
発行者 加藤 潤
発行所 株式会社 集英社
〒101-8050 東京都千代田区一ツ橋2-5-10
編集部 03-3230-6068
販売部 03-3230-6393
読者係 03-3230-6080

ブックデザイン 間野 成
印刷所 図書印刷株式会社
製本所 加藤製本株式会社

ISBN 978-4-08-786030-6 C0095
